영산강유역 마한사회의 여명과 성장

전남문화재연구소 연구총소 006

영산강유역 마한사회의 여명과 성장

2019년 3월 20일 초판 1쇄 인쇄
2019년 3월 28일 초판 1쇄 발행

엮은이 (재)전라남도문화관광재단 전남문화재연구소

펴낸이 권혁재

편집 조혜진
인쇄 동양인쇄

펴낸곳 학연문화사
등록 1988년 2월 26일 제2-501호
주소 서울시 금천구 가산동 371-28 우림라이온스밸리 B동 712호
전화 02-2026-0541~4
팩스 02-2026-0547
E-mail hak7891@chol.com

ISBN 978-89-5508-394-1 93900

영산강유역 마한사회의 여명과 성장

(재)전라남도문화관광재단 전남문화재연구소 엮음

학연문화사

책을 펴내며

　서해와 남해가 만나는 전남 서남해, 그 서남해에 수많은 섬들이 밀집되어 있는 다도해, 그리고 다도해에 영산강이 흘러가고 있습니다. 이 천혜의 환경을 가지고 있는 영산강유역은 고대부터 자원이 풍부했고, 해상교류가 활발히 이루어져왔습니다. 영산강유역 마한사회는 이러한 환경에 의하여 독자적인 고대문화를 생산하고 영위하면서 형성되었습니다. 영산강유역과 함께 꽃 피워온 마한사회의 문화는 우리네 삶의 역사이자 뿌리입니다.

　전라남도문화관광재단 전남문화재연구소는 이러한 마한의 고대문화를 복원하고 연구하기 위해 다양한 사업을 진행하고 있습니다. 전라남도와 영산강유역 마한문화의 중요한 유적을 발굴 조사하여 체계적인 정리 및 연구와 마한의 실체에 대하여 다각도로 규명하려는 노력에 앞장서고 있습니다. 마한을 쉼없이 연구하신 분들을 모시고 매년 정기적인 학술대회를 개최하여 심도 있는 토론의 장을 마련하고 있습니다.

　이 책은 전라남도문화관광재단 전남문화재연구소에서 발간하는 여섯 번째 연구총서로 2018년 11월 23일 서울 국회의사당에서 개최한 '영산강유역 마한사회의 여명과 성립' 학술대회의 결과를 정리하여 발간한 것입니다. 강봉룡 교수님의 기조강연을 비롯하여 김진영 · 이정호 · 이영철 · 서현주 교수님을 비롯한 여러 선생님들의 발표와 토론을 통하여 마한사회의 성격과 전망, 영산강유역 마한사회의 형성과 성립과정, 고분으로 본 수장세력, 마한사회의 생산유적으로 본 성격 등 새로운 고증과 함께 마한 문화에 대해 체계적인 정립이 이루어졌습니다.

　영산강유역의 마한 문화에 대한 조사와 연구는 다양하게 이루어지고 있지만 국회의사당에서 지역을 대표하는 국회의원님들과 여러 열정적으로 연구하신 분들을 모시고 학술대회를 개최하여 마한사회의 성립과정과 변화양상을 종합적으로 논의할 수 있는 장을 마련하는 것은 큰 의미가 있었다고 봅니다.

이번 국회학술대회에서는 마한의 각 분야 전문가들을 발표자와 토론자로 모셨습니다. 발표내용 역시 영산강유역과 마한사회의 여명과 성립에 대해 심도 깊은 논의를 진행하게 되었습니다. 우리 재단 문화재연구소에서는 이러한 연구 성과를 연구자뿐만 아니라 일반인에게도 공유하여 영산강유역의 마한 사회와 문화를 널리 알리고자 발표논문과 종합토론의 내용을 책으로 정리하여 발간하게 되었습니다. 영산강유역 마한사회의 여명과 성장을 이 한권의 책으로 모두 다 설명할 수는 없겠지만 앞으로 마한 문화에 대하여 끊임없는 연구의 초석이 되기를 기대합니다.

전라남도문화관광재단은 지속적으로 영산강유역의 마한문화를 정립하고 연구하여 체계적인 발굴조사와 연구를 확대해 성과를 공유하고 전남도민들이 우리지역의 마한문화에 많은 관심을 가질 수 있도록 노력하겠습니다.
　　감사합니다.

2019년 3월
전라남도문화관광재단 대표이사
조 용 익

목   차

영산강유역 마한사회의 성격과 전망

-고고과 문헌의 매치를 통하여-

강봉룡 (목포대학교)

Ⅰ. 머리말

서해와 남해가 만나는 서남해, 그 서남해에 수많은 섬들이 밀집되어 있는 다도해, 그리고 그 서남해의 다도해에 영산강이라는 작지 않은 강이 흘러가는 곳, 이 일대가 바로 영산강여경이다. 이러한 천혜의 해양환경을 가지고 있는 영산강유역은 고래로 물산이 풍부했고, 원근의 문물교류가 활발히 이루어졌다. 영산강유역 마한사회는 이러한 환경에 기대에 독특한 고대문화를 생산하고 영위하면서 형성되었다.

영산강유역 마한사회가 형성되기 이전 영산강유역을 대표하는 고고학적 지표는 지석묘였다. 전라남도는 20,000기 이상의 지석묘가 조사된 세계적인 지석묘 밀집지역인데, 영산강유역의 지석묘 밀집도가 단연 높다. 2000년 12월에 한국의 지석묘가 세계문화유산으로 지정될 때 고창과 강화도의 지석묘와 함께 영산강유역의 화순 지석묘가 특기된 것은 영산강유역과 지석묘의 중요성을 단적으로 보여준다.

영산강유역 마한사회의 가장 중요한 고고학적 지표는 역시 옹관고분이라 할 수 있다. 옹관고분의 시원적 형태는 3세기경에 마한 전역에서 나타났지만, 타지역에서는 곧 사라지고 타묘제로 대체되었음에 반해, 오직 영산강유역에서만 주묘제로 자리를 잡고 6세기 전반까지 발전과 쇠퇴, 소멸의 과정을 거치면서 영산강유역 마한사회를 특징짓는 특유의 고분이 되었던 것이다.

영산강유역 마한사회의 변동 과정에서 나타난 특이한 고고학적 지표를 든다면 고대 일본에서만 보이는 왜계 횡혈식석실분, 그 중에서도 전방후원의 분형을 띤 전방후원분이 영산강유역에서만 확인되고 있다는 점이다. 이는 영산강유역 마한사회가 5세기 후반에서 6세기 전반까지 한시적으로 왜와 특별한 관계를 맺었던 역사의 산물로서, 문헌에는 나타나지 않는 당시 동아시아 격변의 상황을 설명해줄 수 있는 바로미터가 될 수 있다는 점에서 주목할 필요가 있다.

그리고 영산강유역 마한사회의 해체를 대변하는 고고학적 지표로는 백제 사비식 횡혈식석실분을 들 수 있다. 이는 6세기 후반에 영산강유역 마한사회가 백제에 흡수되어 영역으로 편제되었던 사실을 증언해주고 있다.

이상의 논의를 모두 포괄하는 영산강유역 마한사회의 특징은 다양성과 개방성에서 찾아야 하지 않을까 한다. 영산강유역에는 지석묘과 토착의 옹관고분, 왜계의 전방후원분, 백제계의 횡혈식석실분 이외에 가야계 고분도 적지 않다. 또한 영산강유역에서 출토된 유물도 영산강유역 토착산은 물론이고, 백제계, 왜계, 가야계, 신라계, 중국계 등 다국적적 양상을 보여준다. 동아시아를 연결하는 해로의 결절점에 위치한 영산강유역의 지문화적 환경이 개방적인 문물교류를 가능하게 했던 결과일 것이다. 그러하기에 영산강유역 마한사회는 동아시아 국제정세에 따라 요동치곤 하였다. 특히 5세기 중후반에 영산강유역에 나타난 고분의 다변화 현상은 영산강유역의 입장에서 동아시아 격변의 역사를 여실히 이야기해주는 역사적 증거인 셈이다.

본고에서는 이상의 논의를 바탕으로 영산강유역 고고학적 성격 변화의 과정을 3단계로 나누어 각 단계별 고고학적 특징을 소개하고 이에 매치되는 각 단계의 역사적 상황을 문헌에 대한 해석을 통해서 뒷받침 하고자 한다. 그리고 마지막으로 영산강유역 고대사회의 연구 전망과 제언을 덧붙이는 것으로 결론에 대하고자 한다.

II. 1단계(3세기~5세기 전반) : 영산강유역 고대사회의 성립

1. 고고 : 옹관고분의 발생과 확산

'옹관고분'은 선사시대의 '옹관묘'와 구분되는 영산강유역 특유의 고대 묘제를 지칭한다. 여기에서는 '옹관묘'와 구별되는 영산강유역 옹관고분의 특징과 발생 및 확산, 그리고 그 의미를 검토해 보기로 한다.[1]

옹관묘는 선사시대에 전세계적으로 쓰져지던 보편 묘제로서, 대개 50cm 전후의 일상용 항아리를 관으로 代用하여 성인의 二次葬 혹은 유아의 伸展葬을 하는데 쓰였다. 이러한 옹관묘가 처음 나타난 것은 신석기시대부터였지만 본격적으로 쓰이게 된 것은 청동기시대부터였다. 우리나라에서는 청동기시대부터 옹관묘가 사용되기 시작하였고, 철기시대에 들어 더욱 일반화된 것으로 알려지고 있다.[2]

그리고 A.D.2~3세기 경에 이르러 한반도의 각 지역에서 지배세력의 주묘제인 '고분'이 대두하게 되면, 옹관묘는 각 지역별로 주묘제에 종속하여 陪葬되는 부차적인 묘제로 전락하여 근근히 그 명맥을 유지해가게 된다. 예를 들어, 주묘제인 토광묘에 소형 옹관묘를 배장한 서울 가락동 2호분,[3] 주묘제인 석곽식 고분에 소형 옹관묘를 배장한 대구 복현동 고분,[4] 주묘제인 4기의 석곽묘 옆에 옹관묘를 배장한 안동 조탑동 고분,[5] 그리

1) 강봉룡, 1999a, 「영산강유역 '옹관고분'의 대두와 그 역사적 의미」, 『한국사론』42 참조.
2) 윤세영, 1983, 「묘제IV-옹관묘-」, 『한국사론』13-上, 국사편찬위원회 ; 김기웅, 1983, 「묘제」, 『한국사론』13-下, 국사편찬위원회.
3) 윤세영, 1974, 「가락동 백제고분 1・2호분 발굴조사략보」, 『고고학』3.
4) 윤세영, 1983, 「묘제IV-옹관묘-」, 『한국사론』13, 국사편찬위원회, 295~296쪽.
5) 진홍섭, 1975, 『조탑동고분 발굴조사보고』, 이화여대 박물관.

고 주묘제인 수혈식석곽묘에 역시 소형 옹관묘를 배장한 부산 괴정동 고분군[6] 등과 같은 사례가 있다. 이러한 옹관묘의 일반적 추세는 처음에는 영산강유역에서도 대체로 부합되는 것으로 나타났다. 광주 신창동[7] 및 운남동[8] 등지에서 확인된 초기 철기시대의 옹관묘 유적과 나주시 마산리[9] 및 화순 용강리[10] 등지에서 확인된 3세기 단계의 옹관묘 유적들이 그 대표적인 사례에 해당한다.

그런데 3세기경부터는 사정이 달라진다. 이른바 '선황리식'이라 불리는 옹관고분의 효시적인 형태가 출현하기 시작한 것이다. 영암 선황리를 위시로 하여 나주 복암리, 함평 예덕리 만가촌과 월야 문화마을, 무안 인평 등지의 영산강유역은 물론이고, 고창, 익산, 남원 등지의 전북지역과 서천, 공주, 청주 등지의 충청도 등지, 그리고 화성, 서울, 파주 등지의 서울경기지역에 이르기까지 마한의 전역에서 옹관고분의 효시적 형태인 '선황리식' 옹관이 출토된 것이다.[11]

그렇지만 이러한 옹관고분의 시원적인 형태가 이후 대형 전용옹관을 중심적인 매장주체부로 삼는 옹관고분의 전형적인 형태로 발전해간 것은, 타지역에서는 찾아볼 수 없고 오직 영산강유역에서만 나타난 현상이라는 점을 주목할 필요가 있다. 즉 타지역에서는 시원적 옹관고분이 타묘제에 배장되는 종속적인 묘제로 전락해갔던 반면에, 영산강유역에서는 타묘제와 대등한 묘제로서 지위를 유지하거나,[12] 더 나아가 타묘제를 압

6) 정징원, 1977, 「부산 괴정동 옹관묘-고분기 옹관의 일례-」, 『고고학』4.
7) 김원룡, 1964, 『신창리옹관묘지』(서울대학교 고고인류학총간 1책).
8) 조현종·신상효·장제근, 1996, 『광주 운남동 유적』, 국립광주박물관.
9) 최몽룡, 1976, 「대초·담양댐 수몰지구유적발굴조사보고」, 『영산강수몰지구유적발굴조사보고서』.
10) 임영진·서현주, 1996, 「화순 용강리 토광묘와 옹관묘」, 『호남고고학보』3.
11) 국립나주문화재연구소, 2001, 『나주 복암리 3호분-본문-』, 377~378쪽.
12) 옹관묘 1기를 3기의 圍石土壙墓와 나란히 매장한 나주 마산리의 사례(최몽룡,

도하는 대형 옹관고분으로 발전하는 등의 특별한 현상이 나타나 영산강 유역 전역으로 확산되어 갔던 것이다. '옹관묘'에서 '옹관고분'으로의 전환 현상이 영산강유역에서 일어난 것이다.

흔히 '고분'이란 용어는 대규모 高塚의 분구를 가진 고대 지배층의 묘제를 지칭하는 것으로서, '옹관고분'이라 칭한 것은 옹관고분 역시 이러한 고분의 범주에 속한다는 것을 의미한다. 우리나라에서 '고분'은 기원 전후의 시기부터 삼국시대까지 지역 별로 정치세력이 결집하는 시점에 출현하곤 하였다. 예를 들어, 서북한지역에서는 고구려의 성립과 함께 적석총이 나타났고, 한강유역 및 금강유역에서는 마한의 성립과 함께 토광묘와 수혈식석곽분이 나타났으며, 낙동강유역에서는 진·변한의 성립 과정에서 수혈식석곽분이 나타났다. 그리고 이후 경주 분지를 중심으로 신라가 대두하면서 적석목곽분이 나타났고, 한강하류 및 금강유역에서 백제가 대두하면서 횡혈식석실분이 나타났다. 이런 맥락에서 본다면, 3세기 중반 경에 영산강유역에서 특유의 대규모 옹관고분이 대두한 것 역시 당시 영산강유역에서 여러 세력집단들 간에 정치적 결집현상이 일어나고 있었음을 의미하는 것으로 이해해도 좋을 것이다.

결국 당시 영산강유역의 여러 세력집단은 옹관고분을 공유하고 정치적 동질성을 확보하면서 단일의 정치적 연맹체를 형성했을 것으로 판단되며, 그렇다면 옹관고분은 영산강유역 고대사회의 성립을 대변하는 가장 중요한 고고학적 지표라 해도 과언이 아닐 것이다. 그런데 앞에서 살폈듯이 옹관고분의 시원적인 형태가 마한의 전역에서 출현했다가 타지역

1976, 「대초·담양댐 수몰지구유적발굴조사보고」, 『영산강수몰지구유적발굴조사보고서』)와 역시 옹관묘 1기를 4기의 위석토광묘와 같은 묘역에 나란히 매장한 화순 용강리 옹관묘의 사례(임영진·서현주, 1996, 「화순 용강리 토광묘와 옹관묘」, 『호남고고학보』3) 등이 있다.

에서는 소멸하고 영산강유역에서만 '고분'의 한 유형으로 지속적 발전을 구가했다고 한다면, 옹관고분은 영산강유역에서 특화·발전된 마한문화의 일환으로[13] 파악할 수도 있을 것이다. 이런 맥락에서 옹관고분으로 대변되는 영산강유역 고대사회를 '영산강유역 마한사회'라 불러도 좋지 않을까 한다.[14]

그렇다면 이러한 영산강유역 마한사회를 주도했던 맹주 세력은 어디에 있었을까? 문헌 자료가 거의 없는 현 상황에서 전적으로 옹관고분(분포와 규모와 밀집도, 그리고 부장품의 내용)과 성곽시설(분포와 규모) 등의 고고학적 지표에 의존할 수밖에 없겠다.[15] 그런데 옹관고분과 성곽시

---

13) 미리 분구를 석축하거나 성토하여 분구 안에 매장시설을 조성하는 분구묘와 고분 둘레('周')에 도랑('溝')을 파는 주구묘 양식이 충청 일원에서 발생하여 영산강유역의 옹관고분과 결합되었다는 견해가 제기되기도 하였는데, 이를 염두에 둔다면 분구묘와 주구묘의 양식은 옹관고분과 함께 충청권의 마한문화가 영산강유역과 연동되어 특화된 '영산강유역 마한사회'의 또 하나의 사례가 될 것이다. (최완규

14) 그간 영산강유역 고대사회에 대하여 통상 '마한'으로 명명하여 파악해 왔다. 그렇지만 '마한'의 실체에 대한 이견도 있어 영산강유역의 지표유적인 옹관고분을 강조하여 임시적으로 '옹관고분사회'라 부르자는 제안도 있었다. (강봉룡, 1999b, 「3~5세기 영산강유역 '옹관고분사회'와 그 성격」, 『역사교육』69) 여기에서는 옹관고분의 시원적 형태가 마한 전역에서 보편적으로 나타났다가 영산강유역에서만 특화·발전되어간 현상에 주목하여 '영산강유역 마한사회'라 칭하기로 한다. 또한 이와 관련하여 미리 분구를 석축하거나 성토한 후에 그 분구 안에 매장시설을 조성하는 분구묘와 고분 둘레('周')에 도랑('溝')을 파는 주구묘 양식이 경기·충청 일원에서 발생하여 영산강유역의 옹관고분과 결합되어 '주구분구옹관고분'으로 발전했다는 견해를 염두에 둔다면, 분구묘와 주구묘의 양식은 옹관고분과 함께 충청권의 마한문화가 영산강유역과 연동되어 특화된 '영산강유역 마한사회'의 또 하나의 지표가 될 수 있을 것이다. (최완규, 2006, 「분구묘 연구의 현황과 과제」, 『제49회 전국역사학대회 고고학부 발표자료집』, 한국고고학회 ; 강봉룡, 2007, 「금강·영산강유역의 세력동향과 백제의 경영」, 『웅진도읍기의 백제』, 충청남도역사문화연구원, 227~228쪽 ; 김희중, 2015, 「마한 주구묘의 유형과 시·공간적 전개과정-경기·충청지역을 중심으로」, 『백제연구』26 참조)

15) 대형 고분은 죽은 이의 권위를 강조하여 살아있는 지배세력의 권위를 과시하려는

설의 분포를 일별해 볼 때, 영산강유역 마한사회의 중심부였음직한 후보
지로는 영암 시종면과 나주 반남면 일대가 우선 떠오른다. 시종면과 반남
면 일대는 영산강의 지류인 삼포강의 南岸을 따라 하류에서 상류에 걸쳐
서로 連接해 있는 곳으로서, 최대급의 옹관고분이 가장 조밀하게 분포하
고 있을 뿐만 아니라, 그와 같은 시기에 축조되었을 것으로 추정되는 성
틀봉토성(시종면)과 자미산성(반남면)이 자리하고 있다.

　그런데 그간의 조사 결과 두 지역의 옹관고분은 축조시점에서 상당한
차이가 나타나고 있다. 시종면 일대의 옹관고분은 비교적 초기에 축조되
었던 반면, 반남면 일대의 그것은 비교적 후기에 축조된 것으로 나타난
것이다. 이러한 사정을 주목하여 영산강유역 마한사회의 맹주세력은 옹
관고분 발생기인 3세기 이후에 시종면 일대에 웅거해 있다가, 언제부턴
가(5세기 중반 이후로 추정됨) 반남면 지역으로 옮겨간 것으로 파악하는
것이 일반적이다.[16]

　영산강유역 마산사회의 초기 중심지로 추정되는 시종면 일대를 일
별해 보면, 삼포강 하류의 연변을 따라 내동리·와우리·옥야리·신연
리·금지리 일대에 옹관고분군이 분포하고 있는데, 이중 내동리 고분군
이 규모와 밀집도에서 단연 압도적이다.[17] 내동리 고분군과 인접해 있는

　　의도에서 축조한 것이라고 한다면, 성곽은 지배세력이 외적의 침입으로부터 자기
　　의 집단을 보존·유지하고자 하는 의도에서 축조한 것이라 할 수 있다. 이런 의미
　　에서 고분과 성곽의 분포를 통해서 고대 정치조직체의 실체 해명에 접근하는 것
　　은 타당하다고 여겨진다.
16) 강봉룡, 1999b, 앞 논문 참조.
17) 시종면 일대의 고분에 대한 발굴조사보고서로는 다음과 같은 것이 있다. 김원룡,
　　1963, 「영암 내동리 옹관묘」, 『울릉도』, 국립중앙박물관 ; 황용훈, 1974, 『영암 내
　　동리 옹관묘 조사보고』, 경희대박물관 ; 서성훈·성낙준, 1984, 『영암 만수리 고분
　　군』, 국립광주박물관·백제문화개발연구원 ; 서성훈·성낙준, 1986, 『영암 내동리
　　초분골고분』, 국립광주박물관 ; 서성훈·성낙준, 1986, 「영암지방의 고분」, 『영암
　　군의 문화유적』, 목포대박물관 ; 국립광주박물관·백제문화개발연구원, 1989, 『영

나즈막한 산에 토성(일명 '성틀봉토성')의 흔적이 남아 있는데, 이는 산의 정상 주위를 돌려가면서 테를 두른 전형적인 테뫼식 산성으로 확인되었다.[18] 이밖에 시종면 일대에는 내동리를 중심으로 완만한 구릉평야가 발달되어 있는데, 이는 영산강유역 마한사회 맹주세력의 경제적 토대가 되었으리라는 점에서 주목할 만하다.

옹관고분은 영암(시종면)과 나주(반남면) 이외에 광주·담양·화순·함평·무안 등의 영산강유역과 해남·영광·고창 등지의 서해안지역에서도 확인되고 있다.[19] 이들 지역은 삼포강 연변의 밀집 분포지에 비해 밀집도나 규모면에서 현저히 떨어지고 있어, 영산강유역 마한사회의 주변부를 형성한 것으로 볼 수 있다. 이중 해남지역은 문헌에서 영산강유역 마한사회가 외부 세계와 소통하는 관문 내지 외항적 기능을 수행한 곳으로 나타나 있어,[20] 해남지역의 옹관고분의 실태를 잠시 소개할 필요가 있다.

먼저 해남 백포만 일대의 옹관고분의 흔적이다. 백포만 南東岸의 군곡

암 와우리 옹관묘』 ; 국립광주박물관·영암군, 1990, 『영암 만수리 4호분』 ; 최성락·조근우, 1991, 『영암 옥야리 고분군』, 목포대박물관 ; 국립광주박물관, 1993, 『영암 신연리 9호분』 ; 최성락·이정호·최미숙, 2000, 「영암 옥야리 고분군 시굴조사 보고서」, 『문화유적 시·발굴조사 보고』, 목포대 박물관 ; 최성락·고용규·한옥민, 2012, 「영암 금계리·선황리 유적」, 『박물관연보』11, 목포대 박물관 ; 최성락·한옥민·한미진, 2004, 『영암 금계리 유적』, 목포대 박물관 ; 국립나주문화재연구소, 2014, 『영암 갈곡리 고분 I 』 ; 전남문화재연구소·영암군, 2007, 『영암 신연리 연소고분』.
18) 국립나주문화재연구소, 2013, 「영암 성틀봉토성 시굴조사」, 『영산강유역 고대산성』.
19) 여기에서는 해남, 영암, 무안, 함평, 영광 등의 서해남부연안지역은 영산강의 수로와 서해의 해로를 통해서 서로 긴밀히 소통하면서 하나의 문화권을 형성한 것으로 이해하여, 옹관고분이 확인되고 있는 서해남부연안지역을 영산강유역 마한문화권에 포함시키기로 한다.
20) 강봉룡, 2018, 「문헌에 나타난 신미제국의 실체」, 『해남반도 마한 고대사회 재조명』(대한문화재연구원 2018년 국제학술회의 자료집) 참조.

리 군안골에서 대형 合口甕棺과 수개의 원형 봉토가 확인된 바 있고,[21] 최근에는 백포만의 北岸에 위치한 화산면 안호리 일대에서도 초기 옹관 고분 등 3~4세기의 고분 50여기가 발굴되어 단경호, 이중구연호, 양이호, 조형토기 등과 환두도, 철부, 철정, 철도자 등이 출토된 바 있다.[22] 이밖에 해남 삼산천 일원에 있는 신금고분, 시등고분군, 농암고분군 등도 옹관고 분으로 알려져 있다. 이러한 옹관고분은 해남지역이 옹관고분을 공유하는 영산강유역 고대사회의 주요 일원이었음을 보여준다.

2. 문헌 : 영산강유역 고대사회와 백제

영산강유역 마한사회와 관련하여, 다음『晉書』장화열전의 기사는 지금까지 알려진 최초의 문헌 기록에 해당한다.

> 이에 張華를 持節 都督幽州諸軍事 領護烏桓校尉 安北將軍으로 삼아 전출
> 하였다. 新舊의 세력을 무마하여 받아들이니 오랑캐와 중국이 그를 따랐
> 다. 東夷馬韓新彌諸國은 산에 의지하고 바다를 띠고 있었으며 幽州와의
> 거리가 4천여리였는데, 역대로 來附하지 않던 20여국이 함께 사신을 파
> 견하여 조공을 바쳐왔다. 이에 먼 오랑캐가 감복해 와서 사방 경계가 근
> 심이 없어지고 매해 풍년이 들어 士馬가 강성해졌다.[23]

이 기사의 핵심은 張華가 幽州都督으로 파견되어 있는 동안 '東夷馬韓

---

21) 최성락, 1987, 앞 논문, 700쪽.
22) (재)대한문화재연구원, 2017,『해남 화산-평호 도로건설 구간 내 문화유적 발굴조사 학술자문회의 자료집(3차)』참조.
23) 『晋書』卷36 列傳6 張華條.

新彌諸國' 20여국이 처음으로 晉에 遣使朝獻해다는 것이다. 『진서』帝紀에
의하면 그 시기는 282년 9월이었고, 20여국은 29개국이었던 것으로 되어
있다.[24] 여기에 나오는 '동이마한신미제국'은 중국인이 중국 동방의 제종
족을 지칭하는 막연한 종족적 개념으로서의 '東夷'와 경기도에서 전남 남
단에 걸친 지역을 지칭하는 지역적 개념으로서의 '馬韓'과 '新彌諸國'을 합
칭한 것으로서, 실체는 결국 '신미제국' 20여국만이 남게 된다.[25] 그런데
그 위치는 '산에 의지하고 바다를 띠고 있으며, 유주에서 4천여리였다'는
것으로 보아, 영산강유역 고대사회를 지칭하는 것으로 볼 수 있겠다.

    그렇다면 '신미제국' 20여국이란 영산강유역 고대사회를 구성하는 20
여개의 '지역정치체=國'들을 의미하는 것으로 볼 수 있겠다. 결국 新彌國
을 위시한 영산강유역 고대사회를 구성하고 있던 20여개의 '지역정치체'
들이 連名하여 晉에 처음 遣使朝獻했다는 것으로 풀이할 수 있다. 이는
282년 당시에 영산강유역 고대사회가 '신미제국 20여국'으로 처음 문헌에
나타난 것이라 하겠는데, 여기에서 신미국이란 해남반도의 백포만 일대
에 있었던 포구세력을 의미한다.[26]

---

24) 『晉書』帝紀에 「春正月 … 甲午日에 尙書 張華를 都督諸軍事로 삼았다. … 9월에
    東夷 29國이 歸化하여 方物을 바쳐왔다.」(『晉書』卷3 帝紀3 武帝 太康 3年條)는 기
    사가 나오는데, 장화가 유주도독('都督諸軍事')으로 파견되어 있는 동안인 282년
    (武帝 太康 3年) 9월에 29國을 파견했다는 東夷는 곧 '동이마한신미제국 20여국'
    을 지칭하는 것임에 틀림없다.
25) '東夷馬韓新彌諸國'에서 '東夷'는 중국인이 중국 동방의 제종족을 지칭하는 막연한
    종족적 개념에 불과한 것이고, '馬韓'은 특정의 정치체를 의미하는 것이 아니라 경
    기도에서 전남 남단에 걸친 지역을 지칭하는 막연한 지역적 개념에 불과한 것으
    로 생각되므로, 결국 실체는 '新彌諸國'만이 남게 된다. 그런데 그 위치가 '산에 의
    지하고 바다를 띠고 있으며, 유주에서 4천여리였다'는 것으로 보아, 영산강유역
    '옹관고분사회'를 지칭하는 것으로 볼 수 있겠다. (강봉룡, 1999b, 앞 논문, 83~84,
    90~96쪽)
26) 김영심, 2013, 「문헌으로 본 침미다례의 위치」, 『백제학보』9 ; 강봉룡, 2018, 「문헌
    에 나타난 신미제국의 실체」, 『해남반도 마한 고대사회 재조명』(대한문화재연구원

그런데 앞에서 옹관고분을 통하여 3세기 후반 당시에 영암 시종면 일대가 영산강유역 마한사회의 중심지였을 가능성을 제기한 바 있는데, 그렇다면 백포만의 포구세력인 신미국을 앞세워 '신미제국'이라 칭한 이유는 무엇일까? 이에 대하여 필자는, 당시 영산강유역 고대사회를 영도하는 맹주세력은 시종면 일대에 있었고, 백포만의 신미국은 영산강유역 마한사회를 외부세계와 연결시키는 관문(gateway) 혹은 외항의 기능을 수행했을 뿐임을 지적한 바 있다.[27]

그러면 282년에 영산강유역 신미제국 20여국이 연명하여 진에 사신을 '처음으로' 파견한 배경과 이유는 무엇일까? 결론적으로 말하자면[28] 그것은 당시 한강유역의 백제가 급성장하여 충청지역의 마한을 위기로 몰아넣고 있던 급박한 상황에서 충청지역의 마한이 277년, 278년, 280년, 281년, 286년, 287년, 289년, 290년 8회에 걸쳐 진에 사신을 파견한 것과[29] 함께, 그 배후에 있던 영산강유역 마한사회도 위기감을 느껴 백제를 견제하기 위하여 처음으로 진에 사신을 파견한 것으로 풀이된다. 진 역시 백제의 강성을 견제하려던 터에 이제까지 한번도 내부해오지 않던 영산강유역 마한사회의 신미제국 20여국이 사신을 파견해 오자 "먼 오랑캐가 감복해 와서 사방 경계가 근심이 없어지고 매해 풍년이 들어 土馬가 강성해졌다."는 식으로 대서특필하며 크게 반겼던 것이다.

그런데 4세기에 접어들어 일대 사건이 발생했다. 이제까지 동아시아 국제 교역을 주도하던 낙랑군과 대방군이 고구려와 백제의 협공을 받아

---

27) 강봉룡, 2010, 「고대 동아시아 연안항로와 영산상 · 낙동강유역의 동향-4세기 이전을 중심으로-」, 『도서문화』36, 16~17쪽

28) 신미제국 20여국의 진에 대한 사신 파견의 배경에 대해서는 강봉룡, 2018, 앞 논문 참조.

29) 『진서』권97 동이열전 마한조.

견디지 못하고 결국 313년과 314년에 퇴출되었고, 그 모국인 晉도 317년에 선비족에게 쫓겨 남경에서 東晉시대를 열었던 것이다. 이후 4세기 전반은 고구려와 백제의 주도권 다툼이 치열하게 전개되면서, 영산강유역 고대사회에 대한 백제의 위협은 당분간 잠재화되었다. 이에 영산강유역 고대사회는 가야·왜 등과 관계를 돈독히 해갔던 것으로 보이는데, 영산강유역에서 4세기 대에 가야계 및 왜계 유물이 백제계 유물 못지않게 출토되는 것은 이를 반영한다고 할 수 있다.

고구려와 백제의 주도권 다툼은 4세기 후반에 일단 백제의 승리로 일단락되었다. 이때 고구려를 군사적으로 제압한 백제의 근초고왕은 낙랑·대방군이 주도해오던 동아시아 국제 교역을 대신 주도하기 위해 동아시아 연안항로의 주요 포구세력을 포섭하거나 압도하고자 하였다. 이러한 사정이 다음 기사에 잘 나타난다.

> 神功 49년 3월에 荒田別과 鹿我別을 장군으로 삼아 久氐 등과 함께 군대를 거느리고 건너가 卓淳國에 이르러 장차 신라를 습격하려 하였다. 그러나 군사가 적어 신라를 깨뜨릴 수 없다는 의견이 있어, 沙白과 蓋盧를 보내 군사의 증원을 요청하니, 즉시 木羅斤資와 沙沙奴跪에게 명하여 정예군을 거느리고 사백·개로와 함께 가도록 하였다. 모두 卓淳에 모여 신라를 쳐 깨뜨렸으니, 이로 인해 비자발·남가라·탁국·안라·다라·탁순·가라 등의 7국을 평정하였다. 그리고 군대를 옮겨 서쪽으로 古奚津을 돌아 南蠻인 忱彌多禮를 屠戮하고 이를 백제에게 주었다.[30]

이 기사는 369년에[31] 百濟가 新羅를 격파하고 加耶의 7개국을 평정한

---

30) 『日本書紀』卷9 神功紀 49年 3月 條.
31) 神功皇后 49년은 『日本書紀』의 기년으로는 249년이나, 윗 기사는 이보다 2周甲 인

여세를 몰아 서쪽으로 진군하여 古奚津을 거쳐 忱彌多禮를 도륙했다는 내용을 담고 있다.[32] 먼저 가야 7국을 평정했다는 것은, 가야를 친백제세력으로 강제 포섭했다는 것을 의미하고, 침미다례를 도륙했다는 것은 저항하는 침미다례 세력을 무력으로 제압하고 제3의 친백제세력을 세웠음을 의미하겠다. 古奚津은 오늘의 강진, 그리고 忱彌多禮는 해남으로 비정되고 있고,[33] 이중 특히 침미다례는 282년『진서』에 나오는 신미와 동일한 곳을 지칭하는 것으로 보이는데, 여기에서 신미가 영산강유역 고대사회를 외부 세계와 소통시키는 관문(gateway) 혹은 외항의 기능을 수행한 중요 포구였던 점을 상기할 때, 백제가 침미다례를 '南蠻'이라 비칭하며 도륙했다는 것은 영산강유역 마한사회가 백제에 대하여 저항했을 가능성을 보여준다.

4세기 후반 당시 백제의 관심은 주로 국제 해상교역을 주도하기 위한 해양 거점의 확보에 두어졌으므로, 영산강유역 고대사회를 병탄하여 이를 영역화하는 단계까지는 나가지 못했다고 할 수 있다. 그러던 중 백제는 4세기 말부터 광개토왕과 장수왕으로 이어지는 고구려의 대대적인 반격에 직면하게 되었고, 5세기에 들어서는 연안항로가 경색되어 국제교역의 주도권마저 상실되는 위기에 처하게 되었으니, 영산강유역 마한사회도 이러한 5세기 국제 정세의 격변기를 맞아 상당한 영향을 받지 않을 수 없었을 것이다.

하한 369년의 사실을 반영하는 것으로 보는 것이 옳다.

32) 기사의 내용을 보면 마치 왜군이 주체가 된 사건인 것처럼 서술되어 있으나, 실제로는 백제가 주도한 일로 보는 것이 타당하다.

33) 필자는 古奚津을 강진지역으로, 忱彌多禮를 해남지역으로 각각 비정하였다. 이중 특히 침미다례는 新彌國과 동일한 지명을 지칭하는 것으로 보고, 또한 통일신라 시대에 칭해진 浸溟縣과도 같은 것으로 여겨, 해남 현산면 일대로 비정하였다.(姜鳳龍, 1999b, 앞 논문, 85~69)

Ⅲ. 2단계(5세기 중후반~6세기 전반) : 영산강유역 마한사회의 전개

5세기 국제 정세의 격변기를 맞아 영산강유역 마한사회에서 상당한 변화가 감지된다. 먼저 고고학적으로 왜계 고분이 출현하고, 중심지에서는 옹관고분이 위세화되었을 뿐 아니라, 복암리를 중심으로 '아파트식 고분'이라는 특이한 고분이 출현하기도 하였다. 마땅히 이 시기의 관련 문헌에 대해서도 이러한 고고학적 변화에 상응하는 합리적인 해석이 필요한 상황이다.

1. 고고 : 영산강유역 고분의 다변화

1) 왜계 고분의 출현

5세기에 접어들면서 남해와 서해 남부 일대에 왜계 고분이 출현하기 시작한다. 동으로부터 열거해 보면, 김해 율하 B-1호분,[34] 마산 대평리 M1호분, 여수 돌산도 죽포리고분, 고흥 길두리 안동고분,[35] 고흥 야막고분, 해남 외도 1·2호분, 해남 신월리고분,[36] 신안 안좌도 배널리고분[37] 등이 그것이다. 이 고분들은 주로 바다에 접하여 주변을 조망할 수 있는 섬과 연안의 구릉상에 1기가 독립적으로 조영되었는데, 대체로 石棺系(石箱系) 竪穴式石槨墓으로 규슈 북부지역의 수혈식석곽과 관련 있는 것으로 보여 왜계 고분으로 간주되고 있다.[38]

---

34) 경남발전연구원 역사문화센터, 2008,『김해 율하리 유적Ⅰ』.
35) 전남대박물관, 2015,『고흥 길두리 안동고분』.
36) 최성락·정영희·김영훈·김세종,『해남 신월리고분』, 목포대 박물관·해남군.
37) 이정호 외,『신안 안좌면 읍동·배널리 고분군』, 동신대문화박물관, 2014.
38) 김낙중,「5~6세기 남해안 지역 倭系古墳의 특성과 의미」,『호남고고학보』45,

이러한 왜계 고분은 5세기 전반에 영산강유역으로 상륙하더니,[39] 5세기 중후반에 이르면 매장시설이 수혈식석곽에서 횡혈식석실(일부는 횡구식석실)로 바뀌면서 영산강유역 마한사회의 주변부에 집중적으로 분포하는 양상으로 나타난다. 발굴 등을 통해 횡혈식석실의 매장시설로 확인된 왜계 고분은 가야지역에 6기, 영산강유역에 13기로 총 19기에 달하는 것으로 파악되고 있다.[40] 그런데 이중 가야지역의 왜계 횡혈식석실분은 모두 圓墳인 반면, 영산강유역의 경우는 원분 3기, 방분 1기, 전방후원분 9기로 되어 있다. 이중 특히 전방후원분은 3세시 후반부터 7세기 대까지 일본열도에 존속했던 확실한 왜계 고분으로서, 한반도에서는 영산강유역에서만 확인되고 있다.[41] 그런데 영산강유역에는 위의 기발굴 9기

2013, 177~181쪽 ; 高田貫太, 「5 · 6세기 백제, 영산강유역과 왜의 교섭-'왜계고분' · 전방후원분의 조영배경을 중심으로-」,『전남 서해안지역의 해상교류와 고대문화』, 전남문화재연구소 연구총서 1, 혜안, 2014 ; 김재홍, 「고대 남해 도서의 유적과 특성」,『한국학논총』48, 2017, 8~15쪽 ; 이정호, 「4~5세기 남해안지역 외례계 고분의 출현과 그 배경」,『전남지역 고대문화의 양상과 교류』, 진인진, 2018

39) 영암 옥야리 장도 1호분(국립나주문화재연구소, 2012,『영암 옥야리 방대형고분-1호분』; 2014,『영암 옥야리 방대형고분-분구』)과 나주 가흥리 신흥고분(대한문화재연구원, 2015,『나주 가흥리 신흥고분』)이 그 대표적인 예이다.

40) 김규운, 「고분으로 본 6세기 전후 백제와 왜 관계」,『한일관계사연구』58, 2017, 44~45쪽에 의거. 이 논문에 의하면 가야지역의 왜계 석실로는 의령 경산리1호분, 의령 운곡리1호분, 사천 선진리석실분, 사천 향촌동Ⅱ-1호분, 고성 송학동1B-1호분, 거제 장목고분 등의 6개(분형은 모두 원분)를 들고, 영산강유역 왜계 석실로는 장성 영천리고분(분형-원분), 광주 월계동1호분(전방후원분), 광주 각화동2호분(원분), 함평 신덕1호분(전방후원분), 함평 표산1호분(전방후원분), 나주 복암리3호96석실(방분), 해남 용두리고분(전방후원분), 해남 조산고분(원분), 해남 방산리 장고봉고분(전방후원분) 등 9기를 들고 있다. 여기에 기발굴된 광주 명화동고분, 월계동 2호분 함평 죽암리 장고산고분, 영암 태간리 장고봉고분 등 4기의 전방후원분이 누락되어 있어, 영산강유역의 확인 가능한 왜계 횡혈식석실분은 최소한 13개로 헤아려야겠다.

41) 그간 영산강유역 전방후원분 등 왜계 고분에 대한 논의는, 충남대학교 백제연구소,『한국의 전방후원분』, 2000 ; 朝鮮學會 編,『前方後圓墳と古代日朝關係』, 同成

이외에 미발굴 전방후원분이 최소한 4기가 더 확인된 바 있어,[42] 영산강 유역의[43] 왜계 고분의 밀집도는 가히 압도적이라 할만하다.

5세기 중반을 넘어서면서 이렇듯 영산강유역에 전방후원분 등 왜계 횡혈식석실분이 집중적으로 나타나는 것은 매우 특이한 현상으로서 이 지역에 무언가 심상치 않은 변화가 일어나고 있었음을 반영한다고 할 수 있다. 그런데 이러한 왜계 고분이 기왕의 옹관고분 집중 분포지(영산강유역 마한사회 중심지)인 시종면과 반남면 일대를 피해서 주로 주변부에 나타나고 있다는 것도 주목할 일이다.

2) 옹관고분의 중심지 이동과 威勢化

5세기 중후반에 영산강유역 고대사회의 중심지에서도 새로운 변화가

社, 2002 ; 대한문화유산연구센터, 『한반도의 전방후원분』, 학연문화사, 2011 등의 저서와 홍보식, 「영산강유역 고분의 성격과 추이」, 『호남고고학보』21, 2005 ; 최성락, 「전방후원형 고분의 성격에 대한 재고」, 『한국상고사학보』44, 2004 ; 박재용, 「한국 전방후원형 고분의 출현과 그 배경 연구의 논쟁과 과제」, 『역사와담론』45, 2006 ; 정재윤, 「영산강유역 전방후원형분의 축조와 그 주체」, 『역사와담론』65, 2010 ; 임영진, 「영산강유역권 왜계고분의 피장자와 '임나일본부'」, 『지역과역사』35, 2014 ; 김재홍, 「고대 남해 도서의 유적과 특성」, 『한국학논총』48, 2017 등의 논문 참조.

42) 미발굴 전방후원분 4기는 담양 성월리 월전고분, 담양 고성리 월성산1호분, 영광 월산리 월계1호분, 고창 칠암리 고분 등이다. 이밖에 광주 요기동고분, 장성 진원 산동리고분, 담양 금성 와추동고분 등도 전방후원분 가능성이 제기되고 있어, 영산강유역 전방후원분은 더 늘어날 가능성이 있다. (이영철 · 김영희, 「2010 미발굴 전방후원분」, 『한반도의 전방후원분』, 학연문화사, 2011, 150쪽)

43) 전방후원분이 영상강유역 이외에 서해안을 따라 해남과 함평과 영광과 고창에까지 걸치고 있는데, 이는 영산강의 강길과 서해안의 바닷길을 통해서 하나의 문화권을 형성했음을 반영한다. 영산강유역과 남부의 서해안이 하나의 문화권을 형성했음은 옹관고분의 분포나 뒤에서 살필 '아파트식 고분'의 분포에서도 확인된다. 여기에서는 영산강유역과 고창 이남의 남부 서해안 일대를 포괄하여 '영산강유역' 이라 통칭하기로 한다.

감지된다. 옹관고분의 중심 분포지가 삼포강 하류의 시종면에서 상류의 반남면으로 옮겨가면서 옹관고분의 규모도 커지고 부장품도 화려해지는 위세화 현상이 나타난 것이다. 그 변화의 특징을 간략히 정리하면 다음과 같다.[44]

첫째, 시종면 일대에서 보이는 옹관고분과 토광묘의 병존 현상이 반남면 일대에서는 보이지 않고 옹관고분으로 단일화된다는 점이다. 옹관고분과 토광묘의 병존 사례를 보면 시종면의 내동리 7호분과[45] 초분골 1 · 2호분,[46] 만수리 4호분,[47] 신연리 9호분[48] 등이 있다.

둘째, 옹관고분의 형태를 보면 시종면 일대의 것에는 원형과 방대형은 물론, 긴 타원형과 긴 사다리형 등의 다양한 異形墳丘가 있는 반면에, 반남면 일대의 것에는 원형 혹은 방대형으로 정형화되어 있다는 점이다. 예컨대 시종면의 신연리 고분군에 긴 타원형과 긴 사다리형의 이형분구가 여러 기 모여 있고, 내동리 초분골 1호분에서도 긴 타원형의 이형분구가 확인된 바 있다.

셋째, 분구의 규모에서 반남면 일대의 것이 시종면 일대의 것보다 월등히 커진다는 점이다. 일부 예외가 있긴 하지만 시종면 일대의 옹관고분은 장축 길이가 대개 10m대와 20m대의 것이 보통이지만, 반남면 일대의 것은 30m대의 것이 보통이고 40m대의 것도 일부 있다.

넷째, 부장품을 보면 시종면 일대의 것은 薄葬의 경향성을 보여주고 있는 반면에 반남면 일대의 것은 화려한 厚葬의 경향성을 띠고 있다. 시종면 일대의 고분에서는 소량의 토기류나 철제품, 옥류 등이 출토되는 것에

---

44) 강봉룡 1999b, 앞 논문 참조.
45) 金元龍, 1964, 앞 보고서.
46) 徐聲勳 · 成洛俊, 1986, 앞 보고서.
47) 國立光州博物館, 1990, 앞 보고서.
48) 國立光州博物館, 1993, 앞 보고서.

그치고 있으나 반남면 일대의 고분에서는 토기류와 철제품이 다량 출토된 것은 물론이고 금동관을 위시로 하여 금동신발, 환두대도 등의 화려한 위세품들도 출토된 바 있어[49] 대조를 이루고 있다.

두 지역 옹관고분의 이러한 차이는, 동시기 세력집단의 우열을 반영하는 것이라기보다는 각기 중심 조영 시기가 다른 것에서 연유하는 것이라 할 수 있다. 먼저 옹관고분과 토광묘의 병존 현상은 초기에 나타나는 현상이고 후기에는 오로지 옹관고분만을 축조하게 된다는 사실을 염두에 둔다면, 옹관고분으로 단일화된 반남면의 것이 옹관고분과 토광묘의 병존 사례가 있는 시종면 일대의 그것보다 후기에 조영되었을 가능성이 있다. 또한 이형분구의 옹관고분은 대개 초기인 4세기 대에 조영된 것으로, 그리고 분구가 원형이나 방대형으로 정형화된 옹관고분은 주로 후기에 조영되었다는 점에서도, 역시 반남면 일대의 옹관고분이 시종면 일대의 그것보다 뒤에 조성되었다고 해야 할 것이다. 이밖에 분구 규모나 부장품의 차이 등도 두 지역 옹관고분의 축조 시기의 선후 관계를 반영해 준다.

옹관고분의 편년에 관한 한 매우 다양한 견해가 제시되어 있어서, 두 지역 옹관고분의 조영시기를 정확히 추정해 내기는 곤란하다. 다만 이를 대체적으로 말한다면, 시종면 일대의 옹관고분의 조영 시기는 3세기~5세기 전반의 것이 중심을 이루고 있음에 대해, 반남면 일대의 것은 5세기 중반~6세기 전반의 것이 중심을 이루고 있다고 할 수 있다. 이러한 옹관

---

49) 반남면 일대의 고분들에 대한 발굴·조사는 1917년과 1918년에 처음 행해졌고, 그후 1939년에 또 한 차례 이루어졌다. 1917년에 처음 開封한 신촌리 9호분과 덕산리 4호분에서 金銅寶冠·금동신발·環頭大刀 등의 화려한 威勢品을 위시로 하여 수많은 유물을 발굴해 내는 성과를 거둔 바 있었지만, 그 이후 20여년간 무방비 상태로 방치해 두었던 관계로 반남면 일대의 고분은 참혹한 도굴의 화를 당하여, 1939년의 발굴 시에는 기대에 훨씬 못 미치는 초라한 결과를 얻는데 그치고 말았다. 따라서 1차발굴 이후 철저한 보존대책이 마련되었더라면, 그 이후의 발굴에서도 상당한 위세품을 수습했을 수 있었을 것으로 생각된다.

고분 조영 시기의 차이를 염두에 둘 때, 영산강유역 고대사회의 맹주세력
은 5세기 중반을 기점으로 하여 그 중심지를 삼포강 하류의 시종면 일대
에서 상류의 반남면 일대로 옮겨 가면서 위세화에 박차를 가했다고 할 수
있다.

반남면 일대를 일별해 보면, 반남평야의 중앙에 위치한 자미산을 중심
으로 그 동쪽에 신촌리와 덕산리 고분군이, 그리고 그 서쪽에 대안리 고
분군이 밀집되어 있다.[50] 그리고 자미산에는 정상을 중심으로 주위를 에
워싸고 있는 토성(자미산성)의 흔적이 확인되고 있는데, 이 토성은 정상
부를 중심으로 그 주위를 수직으로 깎아 내려 3단의 계단을 이루게 한 계
단식의 테뫼식토성으로서,[51] 마치 시종면 내동리에 있는 성틀봉토성의
확대판과 같은 인상을 준다. 자미산은 해발 90여m의 나즈막한 산이지만,
사방으로 탁트여 있어 산성의 입지처로 적격이다. 또한 자미산성의 주위
에는 시종면 일대의 평야 보다 훨씬 넓은 반남평야가 펼쳐져 있다. 그런
데 반남면의 옹관고분은 시종면의 그것에 비해 규모와 부장품 등에서 위
세화의 면모가 두드러져 5세기 중반 이후 영산강유역 마한사회의 후기
맹주세력이 영도권을 과시하려 했던 의도를 엿보게 한다.

결국 영산강유역 마한사회의 맹주세력은 5세기 중후반에 그들의 기지

---

50) 반남면 일대의 고분에 대한 조사보고서는 다음과 같은 것이 있다. 有光教一,
   1940,「羅州潘南面の古墳發掘調査」,『昭和十三年度古蹟調査報告』, 朝鮮總督府 ;
   穴澤和光·馬目順一, 1974,「羅州潘南古墳群」,『古代學研究』70 ; 有光教一, 1980,
   「羅州潘南新村里第九號墳發掘調査記錄-主として小川敬吉氏手記の紹介-」,『朝鮮
   學報』94 ; 穴澤和光·馬目順一, 1981,「羅州潘南面古墳群の內容の訂正と追補」,
   『古代學研究』95 ; 國立光州博物館, 1988,『羅州潘南古墳群』; 동신대문화박물관,
   2009,『나주 반남면 청송리 옹관고분 긴급발굴조사 약보고서』; 국립문화재연구
   소, 2001,『나주 신촌리 9호분』.
51) 정승원, 1991,「자미산성고」,『전남문화』4 ; 목포대학교박물관·나주시, 2000,『자
   미산성』.

를 보다 넓은 삼포강 상류 쪽의 반남면 일대로 옮겨가서 위세를 과시함으로써, 내실을 다지고 영도권을 강화하려 했다고 할 수 있다. 그렇다면 이렇듯 5세기 중반을 기점으로 그러한 변화가 나타난 이유는 무엇일까? 이와 관련하여 동일시기에 영산강유역에서 확인되는 또 다른 고고학적 지표의 변화에 주의를 기울일 필요가 있다. 즉 바로 그 시점에 왜계 고분들이 주로 영산강유역 마한사회의 중심부를 피해 주변부에서 나타나기 시작했다는 점이 그것이다. 영산강유역 마한사회 맹주세력의 중심지 이동과 위세화라는 변화는, 주변부에서 왜계 고분이 출현한 현상과 무언가 관련이 있을 것처럼 보인다. 이에 대하여 다각도로 검토할 필요가 있겠다.

3) '아파트식 고분'의 대두

영산강의 본류에 연접한 나주 다시면 복암리 일대를 중심으로, 한 분구 안에 다양한 계통의 매장시설을 다수 매장하는 이른바 '아파트식 고분'이 출현한 것은 5세기 중후반경 영산강유역에서 나타난 또 하나의 변화상이다. 그 대표적인 사례로는 나주 다시면 복암리의 3호분[52] 및 정촌고분,[53] 그리고 고창 아산면의 봉덕리고분[54] 등을 들 수 있다.

먼저 복암리 3호분은 하나의 방대형분구에 옹관 22기, 수혈식석곽 3기, 횡혈식석실 11기, 횡구식석곽 1기, 횡구식석실 2기, 석곽옹관 1기, 목관 1기 등 모두 7종 41기의 매장시설들을 매설한 것으로 확인되었다. 3세기의 초기 옹관고분으로부터 왜계 및 가야계 고분, 그리고 7세기의 백제 사비식 횡혈식석실분에 이르기까지 약 400년간 다양한 계통의 외래 고분들까지 한 분구에 매설하고 다국적의 유물들도 부장한 것으로 나타난다.

---

52) 국립문화재연구소, 2001, 『나주 복암리 3호분』.
53) 국립나주문화재연구소, 2017, 『나주 복암리 정촌고분』.
54) 원광대 마한백제문화연구소·고창군, 2016, 『고창 봉덕리 1호분 종합보고서』.

옹관의 경우 3세기의 초기 옹관고분 단계의 옹관에서 6세기 중반의 후기 형식에 이르기까지 지속적으로 매설된 것으로 되어 있어, 외래 고분의 매장시설들이 매설될 때도 당분간 병용되었던 것을 알 수 있다. 기존의 옹관고분을 훼손하지 않고 그 위에 방대형분구를 새롭게 조성하고 다양한 계통 묘제의 매장시설을 매설하여 이렇듯 특유의 '아파트식 고분'을 조성한 것이다, 그런데 방대형분구를 본격 조성하기 시작한 5세기 후반의 시점을 복암리 3호분이 '아파트식 고분'으로 전환 · 조성된 분기점으로 보아도 좋지 않을까 한다.

다음에 복암리 정촌고분은 동일 방대형분구 안에서 옹관 6기, 석실 3기, 석곽 4기, 목관 1기 등 모두 4종 14기의 매장시설이 확인되었다. 이는 복암리 3호분의 방대형분구가 본격 조성되기 시작하는 5세기 후반 혹은 그 직전에 조성되어 백제 사비식 석실이 매설되는 7세기 전반까지 약 150여년에 걸쳐 조성된 것으로 파악되고 있다. 이 역시 복암리 3호분과 마찬가지로 토착의 옹관 이외에 다양한 외래 묘제의 매장시설이 매설되었고 다국적의 유물들도 부장되었다.

고창 봉덕리 1호분은 역시 하나의 방대형분구 안에서 옹관 2기, 수혈식석실 1기, 횡혈식석실 4기 등 3종 7기의 매장시설이 확인되었고, 분구 남쪽 사면과 주구 내부에서 시기를 달리하는 후대의 석곽 9기가 조사되었다. 이들은 단일 분구에 5세기 초중반에서 6세기 초에 걸쳐서 순차적으로 매설된 것으로 보이는데, 다국적의 매장시설과 부장품이 출토되었다는 점은 복암리 3호분 및 정촌고분과 공통적이다.

이상에서 살펴본 바에 따르면, '아파트식 고분'의 조영은 5세기 초중반 경에 고창 봉덕리 1호분으로부터 비롯되었고, 5세기 중후반에 이르러 기존의 옹관고분 위에 복암리 3호분이 조영되었으며, 그와 동시에 혹은 그 직전에 정촌고분이 새로 조영된 것으로 볼 수 있다. 결국 '아파트식 고분'

은 5세기 초중반에 고창 봉덕리 세력에서 시작하여 5세기 중후반에 복암리 세력으로 이어져 뿌리내려진 셈이 된다.

'아파트형 고분'은 기본적으로 단일 분구에 다수의 옹관을 매설하는 옹관고분 특유의 多葬 풍속을 계승하면서, 토착의 옹관뿐만 아니라 다양한 계통의 외래 고분 매장시설들을 시차를 두어가며 동일 분구에 추가 매설하고 다양한 외래 유물들을 부장한 것으로 파악되고 있고, 그 점에서 계승성(옹관고분의 다장 풍속)과 개방성 및 복합성(다국적의 묘제 및 부장품)을 내포하는 색다른 다장의 묘제로 창출되었다고 할 수 있다. 위의 세 '아파트식 고분'에서 이와 같이 계승성과 개방성 및 복합성을 공통적으로 확인되고 있다. 그런데 그와 함께 가장 인상적인 위세품 중의 하나인 백제계 금동신발을 유물로 부장했다는 공통점이 있다는 점도 유의할 필요가 있다. 이는 봉덕리와 복암리 세력이 토착의 문화(옹관고분)를 바탕으로 다양한 외래문물을 적극 수용하는 개방적 성향을 띠면서도, 한편으로 백제에 크게 의존하려 했을 가능성을 시사해주기 때문이다.

그런데 백제에 의존하려 했던 경향은 복암리 세력에게서만 나타난 것이 아니었다. 반남면의 신촌리 9호분에서 최고의 위세품이 백제계 금동관이 출토된 것으로 보아, 반남면 맹주세력이 오히려 백제에 더 크게 의존하려 했을 가능성도 있다.[55] 또한 반남면 맹주세력이 옹관고분을 유지하며 위세화하려 했던 점에서는 폐쇄적인 경향성을 엿볼 수 있지만, 반남 고분군에서 다국적적 부장품들이 적지 않게 출토되고 있다는 점에서는 마냥 폐쇄적인 경향으로 치달았던 것만은 아니었던 것도 알 것이다. 결국 5세기 중후반 이후에 백제의 영향력이 강하게 미치는 가운데 주변부를

---

55) 신촌리 금동관에 대한 종합적 검토는 국립나주박물관 · 나주시, 2017, 『나주 신촌리 금동관의 재조명』(신촌리 금동관 발굴 100주년 기념 국제학술회의 자료집) 참조.

중심으로 왜의 접근이 점증하는 추세가 이어졌고, 영산강유역 마한사회의 중심 맹주세력의 대응 방향과 주변부에서 신흥세력으로 떠오르고 있던 복암리 세력의 대응 방향이 이렇듯 다르게 나타났다는 점을 고분의 고고학적 변화상을 통해 감지할 수 있다.

여기에서 세 가지 관전 포인트를 제안한다. 첫째, 5세기 중후반의 동아시아 국제 정세의 변동상, 둘째, 그 속에서 영산강유역에서 펼쳐간 백제와 왜의 경쟁 관계, 그리고 셋째, 그런 가운데 반남면의 맹주세력과 복암리 중심의 신흥세력, 그리고 여타의 주변부 세력들이 펼쳐간 경쟁과 협력의 관계에 대한 포인트가 그것이다. 이제 이러한 관전 포인트를 염두에 두면서 문헌을 통해서 5세기 중후반 이후에 영산강유역 마한사회를 중심으로 펼쳐진 역사의 동향을 살펴보기로 한다.

2. 문헌 : 영산강유역을 둘러싼 백제와 왜의 길항

5세기 중후반에 영산강유역에서 나타난 고분의 변화상은 무언가 격동의 분위기를 느끼게 한다. 실제 동아시아사에서 5세기는 격동기였고, 그것이 5세기 중후반에 백제와 왜의 관계를 경직시키는 요인으로 작용했으며, 그 여파가 파급되어 영산강유역 마한사회에 심상치 않은 변화를 일으킨 것이 아닐까 한다. 이런 관점에서 당시의 역사 상황에 대한 문헌 중심의 논의를 전개해 보기로 한다.

4세기 후반 백제의 패권시대는 근초고왕과 근구수왕 2대 20여년 만에 짧게 끝나고, 5세기에는 광개토왕과 장수왕으로 이어지는 고구려의 패권시대로 숨가쁘게 넘어갔다. 장수왕은 427년에 수도를 국내성에서 평양성으로 옮겨 본격적인 남하정책의 의도를 노골적으로 드러냈고, 백제는 이에 위협을 느끼는 주변세력을 설득하여 이에 적극 대응하였다. 왜는 물론이고 중국 남조 왕조들(동진, 송, 제), 그리고 가야와 신라까지 끌어들여[56] '반고구려국제연대'를 결성함으로써[57] 고구려의 패권에 적극 대항하였다. 개로왕 대에 이르러 북조의 北魏까지 끌어들여 고구려를 압박해 가자,[58] 이에 위협을 느낀 장수왕은 '반고구려국제연대'의 핵으로 부상한 백제의 개로왕을 제거하기로 작심하였다. 그리고 백제를 교란시키는 공작을 펼친 끝에[59] 475년에 전격적으로 백제를 공격하여 한성을 함락시키고 개로왕을 전사시킴으로써 백제의 '반고구려국제연대' 전략을 좌절시켰다.

475년의 한성 함락과 개로왕 전사는 백제를 최악의 상황으로 몰아넣었을 뿐만 아니라, 이제까지 백제를 의지하고 따르던 왜가 백제의 능력을 믿지 못하고 독자노선을 걷게 만든 결정적인 계기가 되었다. 개로왕의 아들 문주왕은 웅진으로 천도하여 '반고구려국제연대'를 재건하려 하였으나 내분에 휩싸여 문주왕 본인은 물론 후계왕인 삼근왕과 동성왕까지 잇따라 피살당하는[60] 비운을 맞게 되면서 끝 모를 절망의 구렁텅이로 빠져들어 갔다.

이런 와중에 백제가 가장 공을 들였던 왜의 동향마저도 심상치 않게 돌아가고 있었다. 왜는 이미 5세기 전반부터 백제의 영향력에서 벗어나 독

---

56) 예컨대 백제의 비유왕은 송과 우호관계를 강화하고 왜에 누이인 신제도원을 질자로 파견하는 한편, 신라와는 이른바 '제1차 나제동맹'(433)을 체결하였다.(『삼국사기』 권25, 백제본기3. 비유왕조 ; 『일본서기』 권10, 應神紀 39년 2월조 참조)

57) 백제의 '반고구려국제연대' 결성 노력과 시련에 대해서는 강봉룡, 2001, 「고대 동아시아 해상교역에서 백제의 역할」 『한국상고사학보』38, 88~91쪽 참조.

58) 개로왕은 472년에 북위에 국서를 보내 고구려의 호전성을 비난하는 한편 고구려가 동아시아 안보에 위협적인 존재임을 설득하였고, 북위 역시 이에 수긍하였다.(『삼국사기』 권25, 백제본기3, 개로왕 18년조.)

59) 장수왕은 첩보승 도림을 백제 왕실에 투입시켜 개로왕의 심기를 어지럽히는 공작을 펴도록 했다.(『삼국사기』 권25, 백제본기3, 개로왕 21년조)

60) 삼근왕의 경우 피살당했다는 기록은 없지만, 재위기간이 2년에 그쳐 그 역시도 피살당했을 가능성이 있다.

자노선을 행동으로 옮기기 시작했다. 왜왕 讚은 421년에 남조의 송에 처음 사신을 파견하여 남조에 대한 독자외교에 나섰으며, 이후 5대(讚, 珍, 濟, 興, 武의 倭5王)에 걸쳐 남조의 宋과 南齊에 지속적으로 사신을 파견하여, 신라·가야 등은 물론 백제까지도 자신의 군사적 영향력 하에 있다는 것을 거짓 과시하면서 이를 인정하는 모종의 작호를 제수해 줄 것을 집요하게 요구하였다. 백제는 이에 대응하지 않을 수 없었을 것이다. 먼저 개로왕 대에 송에 사신을 파견하여 '장군호'의 제수를 요청하였고, 동성왕 대에 이르러서는 남제에 사실을 보내 王·侯·太守의 작호 제수를 요청하였다. 5세기 중후반에 백제와 왜의 남조에 대한 외교전은 이처럼 치열하게 전개되어 가고 있었다.[61]

이런 가운데 백제의 외교적 노력은 분명한 한계를 노정하였다. 484년(동성왕 6)에 남제가 고구려 장수왕에 대하여 백제의 장군호를 능가하는 '표기대장군'으로 책봉하자 위기를 느낀 백제가 남제에 '內屬'되기를 자청하는 굴욕적 무리수를 쓰기도 하였다.[62] 흔들리는 왜와의 관계 유지를 위하여 차기 왕위계승자나 최측근 왕족들을 왜에 파견하는 '왕족외교'의 전략을 적극 구사하기도 하였다.[63] 그렇지만 여의치 않았다. 동성왕 대에 백제와 왜는 외교적 단절 상태에 돌입한 것으로 파악되고 있다.[64] 심지어 왜는 487년에 고구려와 통교하고 백제와는 군사적 충돌을 벌이기까지 하였다.[65]

---

61) 백제와 왜의 대남조 외교전에 대해서는 강봉룡, 2018, 「문헌으로 본 영산강유역 고대사회의 흥망성쇠」, 『전남지역 고대문화의 양상과 교류』, 진인진, 36~42쪽에서 상론함.

62) 『삼국사기』권26, 백제본기4, 동성왕 6년조.

63) 연민수, 1997, 「백제의 대왜외교와 왕족」, 『백제연구』27 참조.

64) 이재석, 2001, 「5세기말의 백제와 왜국」, 『일본역사연구』14, 17~19쪽 ; 김수태, 2011, 「5세기 후반 백제의 대왜 관계와 남조」, 『백제학보』6, 188~189쪽.

65) 『일본서기』권15, 顯宗紀 3년조.

바로 이 시기에 백제와 왜는 영산강유역을 배경으로 하여 심각한 경쟁을 펼쳐갔던 것으로 보인다. 영산강유역 주변부에 왜계 고분이 출현하는 시점이 이 시점이었다는 점을 염두에 두면서 다음의 문헌 기록을 검토해 보기로 하자.

- 耽羅國이 방물을 바치니 왕이 기뻐하여 사자에게 恩率을 拜하였다.[66]
- 동성왕은 耽羅가 공부를 바치지 않는다 하여 친히 정벌하여 무진주에 이르렀다. 탐라가 이를 듣고 사신을 보내 죄를 비는지라 이에 그만두었다. (耽羅는 耽牟羅이다)[67]

위『삼국사기』의 기사에 의하면 480년(문주왕 2)에 탐라국이 방물을 바쳐왔고, 그런 탐라가 18년 후인 498년(동성왕 20)에 이르러 백제에 등을 돌리고 공납을 바치지 않게 되어, 백제의 무력 공격의 위협을 받았다는 것이다. 이 기사에 나오는 탐라 혹은 탐라국은 제주도로 보는 것이 일반적인데, 근래에 이를 해남·강진세력으로 보려는 신설이 제기되었고,[68] 필자는 이 신설을 지지하면서 해남의 백포만 포구세력으로 구체화시킨 바 있다.[69]

여기에서 해남지역은 영산강유역 마한사회의 주변부 세력이었고, 5세기 중후반부터 왜계 고분이 주변부를 중심으로 출현하기 시작했다는 것을 상기하면서, 이러한 왜계 고분이 해남지역에서 특히 두드러지게 나타나고 있는 현황을 주목할 필요가 있겠다. 더욱이 백포만 지역은 앞에서

66) 『삼국사기』 권26, 백제본기4, 문주왕 2년 4월조.
67) 『삼국사기』 권26, 백제본기4, 동성왕 20년 8월조.
68) 이근우, 1997, 「웅진시대 백제의 남방경역에 대하여」, 『백제연구』27, 51~55쪽.
69) 강봉룡, 2018, 앞 논문.

살폈듯이 3세기 후반 영산강유역 고대사회의 관문사회적 기능을 수행했던 '신미국'이 있었던 곳이고, 4세기 후반에는 백제에 의해 '남만'이라 불리며 도륙당했던 '침미다례'가 있었던 바로 곳이다.

백제로서는 이렇듯 동아시아 연안해로에서 중요한 위치에 있는 백포만 포구세력이 왜와 교류 관계를 강화해 가는 것을 묵과하기 어려웠을 것이다. 이런 맥락에서 위의 두 기사는 다음과 같은 해석이 가능하다. 먼저 백제는 백포만 세력에 대하여 회유와 협박을 감행했을 것이고, 그들은 이에 이기지 못하고 480년에 백제에 사신을 파견하여 방물을 바치는 의례적 행위를 하기에 이르렀다. 그런데 그 이후에 백포만 세력이 다시 공부를 바치지 않고 왜와의 우호적 관계를 지속해 나가자 498년에 동성왕이 친히 군대를 일으켜 武珍州에까지 이르렀고, 이에 백포만 세력은 다시 어쩔 수 없이 백제에 굴복하였다.

결국 백포만 세력(신미국=침미다례=탐라)은 3세기 말 이래로 백제와 비우호적, 혹은 적대적 관계를 유지해 오던 중, 5세기 후반에 이르러 왜와 우호적 교류를 강화해 가는 것에 대하여 백제가 위협을 가해오자 백제에 방물을 바치기에 이르렀고, 다시 방물 바치는 것을 중단한 것에 대하여 다시 백제가 군사적 행동에 나서자 이를 사죄하는 수순을 밟았던 것이니, 백제에 대하여 소극적이고 변화무쌍한 태도로 임했음을 알 수 있다. 그런 탐라(백포만 세력)가 480년에 방물을 바쳐왔으니 백제에게는 이보다 더 기쁜 일이 없었을 터이고, 또한 498년에 공물 헌상을 중단했으니 그 실망과 분노의 정도가 어떠했을지 짐작이 간다. 480년 사자에게 백제의 제3위에 해당하는 고위의 관등인 은솔을 제수한 것에서 백제의 기쁨의 정도를, 498년에 무진주까지 무력시위를 감행했던 것에서 분노의 심정을 짐작해 볼 수 있겠다.

결국 위의 두 기사는 백포만 포구세력과 왜의 관계를 차단하기 위해 백제가 기울였던 노력의 일단을 보여주는 하나의 사례에 불과하다. 그렇지만 당시 백포만이 영산강유역 마한사회의 관문에 해당하는 중차대한 기능을 수행했다는 점을 염두에 둘 때, 이를 통해 영산강유역 마한사회 전반에 대한 백제의 관심의 정도가 어떠했던가를 느껴보기에는 충분하다고 생각한다. 다만 반남면의 영산강유역 마한사회 맹주세력과 복암리의 신흥세력의 동향을 파악할 수 있는 문헌자료가 없는 것이 아쉬울 따름이다.

Ⅳ. 3단계(6세기 중후반) : 백제의 영산강유역 영역화와 마한 사회의 해소

1. 고고학 : 백제 사비식 횡혈식석실분의 확산과 일원화

6세기 중후반에 이르면 영산강유역에서 또 한 차례 주목할 만한 고고학적 변화가 일어난다. 영산강유역 토착 고분인 옹관고분과 왜계 횡혈식석실분이 사라지고 그 대신 전형적인 백제 사비식 횡혈식석실분이 새로이 대두한 것이 그것이다.

영산강유역의 고분 중에서 사비식 횡혈식석실분으로 분류될 수 있는 대표적인 사례로는, 나주 홍덕리[70] 및 대안리 4호분,[71] 영암 봉소리 고분,[72]

---

70) 有光敎一, 1938, 「羅州潘南面古墳の發掘調査」, 『昭和十三年古蹟調査報告』, 朝鮮古蹟硏究會, 31~35쪽.

71) 최몽룡, 1978, 『나주 대안리 5호 백제석실분 발굴조사보고서』, 나주군청. 나중에 5호는 4호의 잘못으로 판명되었다. (서성훈 · 성낙준, 1988, 『나주반남고분군』, 국립광주박물관, 121쪽)

72) 서성훈 · 성낙준, 1986, 「영암군의 고분」, 『영암군의 문화유적』, 목포대 박물관, 166~168쪽.

신안 장산도의 도창리 고분,[73] 함평 월계리 석계 고분[74] 등을 들 수 있겠는데, 이들은 영산강유역 마한사회의 주변부는 물론 중심부와 도서지역 등 전략상의 요충지에까지 두루 분포하고 있다. 예를 들어 봉소리 고분은 영산강유역 마한사회의 전기 중심지인 시종면에 있고, 홍덕리와 대안리 고분은 후기 중심지인 반남면에 있으며, 도창리 고분이 있는 장산도는 영산강 하구에서 진도의 울돌목을 거쳐 해남 반도에 이르는 해로의 주요 길목에 해당한다. 그리고 함평 석계는 옹관고분이 밀집된 만가촌과 원형 및 전방후원분 등 왜계 횡혈식석실분이 있는 신덕과 지근한 거리에 있다. 이외에도 구체적인 내용이 밝혀지지 않은 수많은 횡혈식석실분들이 영산강유역 도처에 분포하고 있어, 사비식 횡혈식석실분이 이 지역 지배층 고분문화의 주류로 떠오르고 있었음을 알 수 있다.

더욱이 6세기 중반 이후에 축조된 나주 반남면 홍덕리의 횡혈식석실분과[75] 나주 다시면 복암리 3호분 제5호·16호 횡혈식석실에서[76] 백제 16관등 중 제6품인 奈率 이상의 관인이 착용한 것으로 알려진 銀製冠飾이 각 1점씩 3점이 출토되었는데, 이는 백제가 영산강유역을 완전 영역화한 확고한 증거물로 볼 것이다. 은제관식을 한 백제의 지방관이 영산강유역에 파견되었거나 재지세력을 지방관화 한 것으로 볼 수 있기 때문이다.

---

73) 김원룡·임효재, 1968, 『남해도서고고학』 ; 최성락, 1985 「장산도·하의도의 유적·유물」, 『도서문화』3.

74) 임영진, 1993, 『함평 월계리 석계고분군 I』, 전남대 박물관 ; 임영진, 1993, 『함평 월계리 석계고분군 II』, 백제문화개발연구원·전남대 박물관.

75) 有光敎一, 1940, 「羅州潘南面古墳發掘調査」, 『昭和十三年度朝鮮古蹟調査報告』, 朝鮮總督府.

76) 국립문화재연구소, 2001, 『나주복암리3호분 발굴조사보고서(본문)』, 434쪽.

2. 백제의 영산강유역의 영역화와 5방제 실시

6세기에 이르면 고구려가 쇠퇴하고 백제가 강국의 위상을 다시 회복하게 되면서, 영산강유역 마한사회는 그간의 불협화음을 불식하고 백제의 영역으로 편제되는 수순으로 접어들게 된다.

먼저 백제의 무령왕(501~523)은 군사적으로 고구려를 제압하고 왜와의 관계 개선에 나섰으며, 508년에는 제주도의 탐라가 처음으로 백제에 통교를 요청해 오는[77] 등의 성과를 이끌어냈다. 그리고 521년에는 남조의 양(梁)에 사신을 파견하여 백제가 다시 강국이 되었음을 과시하기도 하였다.[78] 이에 따라 영산강유역을 둘러싸고 왜와 벌였던 심각한 경쟁과 갈등의 상황도 정리되어 갔고, 무령왕은 영산강유역의 영역화에 박차를 가했던 것으로 보인다. 이에 따라 남조에 대한 왜의 독자적 외교 활동도 502년 이후에 중단되고 백제를 통한 간접적 외교의 단계로 접어들었다.

그렇지만 무령왕은 영산강유역을 완전 장악하여 백제의 지방으로 편제하는 영역화의 단계로까지는 발전시키지 못하였고, 이 일은 차기 왕인 성왕의 과제로 넘겨졌던 것으로 보인다. 이와 관련하여 백제가 22담로에서 5방제로 지방제의 개편을 단행했던 사실을 주목해 보기로 하자.

5방제 실시 이전의 백제 지방제는 '22담로제'였다. 22담로제는 『양서』의 기록으로 전해지는 백제의 지방제인데,[79] 이는 무령왕 21년(521)에 백제의 사신이 양에 전한 바에 의거하여 기록된 것으로 알려지고 있다. '담로(檐魯)'란 후대의 '군(郡)'을 의미하는 백제의 토속어로서, 『양서』에 전

---

77) 『일본서기』 권17, 계체기(繼體紀) 2년 12월조.
78) 『양서』 권54 열전48 제이(諸夷) 백제국 ; 『삼국사기』 권26, 백제본기4, 무령왕 21년 11월.
79) 『양서』 권54 렬전48 제이(諸夷) 백제국.

하는 22개 담로의 관할 범위는 오늘날의 충청도와 전라북도에 한정된 것으로 보인다. 왜냐하면 오늘날 충청도와 전라북도는 통일신라시대의 웅주(웅천주)와 전주(완산주)에 해당하는데, 당시 웅주와 전주에 속한 군의 수가 23개이고, 이 23군이 22담로의 수와 대체로 일치하기 때문이다.[80]

그런데 백제가 멸망했을 당시에 백제의 지방은 37군이었던 것으로 나온다.[81] 37군의 수는 통일신라시대의 웅주, 전주의 군의 수에다가 오늘날 전라남도에 해당하는 무주(무진주)의 군의 수를 합산한 36군의 수와 근사하다는 점을 고려할 때, 백제는 늦어도 멸망하기 전의 어느 시점에 전남 지역까지 영역화하여 지방제로 편제했다고 할 수 있다. 그렇다면 백제 영역이 22담로(군)에서 37군으로 확대된 시점은 언제였을까? 그 시점과 관련하여 5방제의 실시를 주목할 필요가 있다.

『북사』와 『한원』 등에 나오는 5방제에 대한 기사를 분석해 보면 백제가 5방제를 실시할 때의 군의 수가 37개에 근접했던 것으로 계산이 나온다. 그리고 『일본서기』의 544년과 545년 기사에서부터 5방제 하의 지방군인 군령(郡令)과 성주(城主) 등의 이름이 나오기 시작하는 것을 근거로 하여, 5방제는 6세기 중반 직전에 성립되었다고 주장한 견해가[82] 타당할 것으로 보인다.

이상의 논의는 다음과 같이 다시 정리할 수 있겠다. 백제는 어느 시점에 무주(전남) 지역을 영토로 편입하고, 확대된 영토를 효과적으로 통치하기 위해 지방제의 개편을 단행하였다. 그 이전에는 담로(=군) 단위로 직할하던 체제('22담로제')였는데, 무주 지역을 영역화시킨 이후에는 37

---

80) 강봉룡, 「삼국의 지방편제단위와 지방관」, 『한국 고대·중세의 지배체제와 농민』, 지식산업사, 1997, 74~76쪽.
81) 『삼국사기』 권37, 지리지4, 백제.
82) 김영심, 「6~7세기 백제의 지방통치체제」, 『한국고대사연구』11, 1997, 77~79쪽.

군으로 확대된 영토를 효과적으로 통치하기 위하여 5방제로 개편하였다. 5방제의 내용은 중간기구인 방(5방)을 매개로 하여 군(37군)을 관할하는 체제('5방제' 혹은 '방군제')였다. 그 시점은 5세기 중반 직전, 곧 성왕이 웅진에서 사비로 천도한 538년 전후로 보는 것이 가장 타당하다고 여겨진다.[83] 결국 이 때 백제가 영산강유역을 완전 영역화했다고 할 수 있다.

바로 이즈음에 영산강유역에서 이에 상응하는 고고학적 변화상이 나타난다. 즉 6세기 후반부터 영산강유역에는 전형적인 백제 사비식 횡혈식석실분이 출현함과 함께 토착의 옹관고분과 왜 계통의 고분 등 타고분들은 모두 사라졌다. 더욱이 사비식 횡혈식석실분은 7세기까지 영산강유역의 주변부 뿐만 아니라 중심부, 그리고 더 나아가 도서지역에까지 확산되는 추세를 보여주고 있다.

V. 성과와 전망, 그리고 제언

1. 영산강유역 마한사회 연구의 성과와 전망

일찍이 영산강유역은 문헌사적 관점에서 4세기 후반에 백제의 일부로 통합된 것으로 간주되었다.[84] 그러나 1980~90년대에 고고학계에서 이에 대한 반론의 조짐이 일어나기 시작했다. 주로 국립광주박물관과 대학박물관에[85] 의해서 나주 반남면과 영암 시종면과 함평 및 해남 일대에서 백

---

83) 강봉룡, 2018, 「문헌으로 본 영산강유역 고대사회의 흥망성쇠」, 『전남지역 고대문화의 양상과 교류』, 진인진, 52쪽.
84) 이병도, 「근초고왕척경고」, 『한국고대사연구』, 박영사, 1976.
85) 목포대 박물관, 전남대 박물관, 순천대 박물관, 조선대 박물관, 동신대 문화박물관 등.

제의 고분과는 판이한 옹관고분이 3세기부터 6세기 전반에 걸쳐 분포한다는 사실이 밝혀지게 되었다.[86] 그리고 1990년대 이후에 전방후원분을 위시로 한 다양한 외래의 고분들에 대한 발굴과 논의가 뒤를 이으면서 영산강유역 마한사회에 대한 연구는 더욱 풍부해져갔다. 1990년대 후반에 이루어진 나주 다시면의 복암리 고분이 발굴되면서 초유의 '아파트식 고분'에 대한 뜨거운 이슈로 떠오르기도 했다.[87] 1999녀부터 발굴조사전문기관이[88] 설립되어 발굴에 가세하면서 영산강유역 마한사회에 대한 연구 진척의 속도는 더욱 빨라졌다.

영산강유역 마한사회 연구에 획기적 전기를 마련한 것은 2005년 8월 16일 국립나주문화재연구소 설립이었다. 그간 국립나주문화재연구소가 진행한 몇몇 굵직굵직한 영산강유역 마한사회 연구 프로젝트를 열거해 보면, 영산강유역 고대고분에 대한 정밀 지표조사로부터 시작하여 영산강유역 마한사회 이전과 이후의 양대 지표라 할 수 있는 지석묘와 옹관고분에 대한 정리를 국내는 물론 동아시아 차원으로 확장시켜 방대한 자료로 정리하였다. 더 나아가 영산강유역 옹관고분의 핵심 콘텐츠라 할 대형옹관을 제작한 나주 오량동 옹관요지에 대한 발굴을 위시로 하여, 나주 복암리 3호분과 정촌고분 등 기념비적 발굴을 진행하고, 대형옹관제작 고대기술을 복원하는 핵심 프로젝트를 진행하여 옹관제작기술의 복원에

---

86) 이에 대한 발굴 및 연구에 대한 주요 성과 리스트는 앞의 주를 통해 인용한 자료 참고할 것.

87) 임영진, 「나주 복암리 3호분의 옹관석실」(제20회 한국고고학전국대회발표요지), 1996 ; 임영진 · 조진선 · 서현주, 『복암리고분군』, 전남대학교박물관 · 나주시, 1999.

88) 전남지역 발굴조사전문기관은 다음과 같다. (재)호남문화재연구원(1999년 설립), (재)전남문화재연구원(2000년), (재)마한문화연구원(2003년), (재)동북아지석묘연구소(2003년), (재)영해문화재연구원(2006년), (재)대한문화재연구원(2008년), (재)민족문화유산연구원(2011년), (재)동서문화재연구원(2014년), (재)고대문화재연구원(2016년), (재)마라문화연구원(2017년) 등.

까지 나서기도 하였다.

국립나주문화재연구소는 영산강유역 마한사회의 역사 복원을 위한 대규모 국내외 학술대회도 2007년 이후 거의 매년 진행하고 있다. 핵심 콘텐츠인 고대옹관의 복원기술 문제로부터 시작하여 옹관의 생산과 유통 문제, 호남지역 고분의 위상 문제, 복암리 유적에서 출토된 목간의 성격 문제, 복암리 3호분과 관련한 복암리 세력의 위상 문제 등 시의적절한 이슈들을 학술회의를 통해 다각도로 점검함으로써 영산강유역 마한사회 연구를 더욱 입체화하고 있다.

이와 함께 전라남도의 관심과 지원도 영산강유역 마한사회 연구에 한 몫을 하고 있다. 전라남도는 목포대 박물관에 의뢰하여 1996년에 『전남의 고대묘제』를 발간하여 전남지역 고분에 대한 성과를 총정리한 것으로부터 시작하여, 2000년에는 대학박물관에 의뢰하여 '전남 고대문화유산 보존 및 활용계획' 프로젝트를 추진하여 고분에 대한 측량 보고서, 고대유적의 보존 및 활용 방안 보고서, 그리고 영산강유역 고대사회를 조명하는 학술회의 등의 성과를 올렸다. 2010년대에 본격화된 영산강유역 개발계획에 따라 영산강유역 마한사회에 대한 관심이 높아짐에 따라 전라남도는 2012년부터 2014년까지 매년 백제학회, 마한연구원 등에 의뢰하여 관련 학술회의를 지원하기도 하였다. 이 때 학술회의에서 다루어진 이슈로는 마한 소국 문제, 마한 분구묘 문제, 마한토기 문제, 마한 마을 문제, 양직공도에 나타난 마한제국 문제, 마한 주거지 문제 등이 있었다.

2014년 1월 8일에 전라남도 출연기관인 (재)전라남도문화관광재단 산하에 전남문화재연구소가 개설되면서 전라남도 지원 학술회의는 전남 문화재연교수가 주관 하에, 해상교류와 고대문화의 문제, 마한제국과 낙랑·대방·왜의 관련 문제, 그리고 전남지역 고대문화의 양상과 재조명 등의 이슈가 다루어졌다. 전남문화재연구소는 전남의 고대유적지 발굴에도 나서고 있어 귀추가 주목되고 있다.

한편 2013년 11월 22일 개관한 국립나주박물관은 그간의 발굴과 연구의 성과를 일목요연하게 전시하여 영산강유역 마한사회를 대중들에게 알리는 중추적 역할을 담당하고 있다. 영산강유역 옹관고분의 중심지라 할 반남면에 자리잡은 국립나주박물관이 자랑하는 최고의 전시물은 역시 대형 옹관과 출토물이다. 전시와 함께 적절한 주제의 학술회의도 개최하여 영산강유역 마한사회의 연구 심화와 확산에도 기여를 하고 있으니, 2017년에 신촌리 금동관 발굴 100주년을 기념하는 '나주 신촌리 금동관의 재조명'이라는 주제의 학술회의를 개최한 것이 대표적인 예이다. 이 학술회의는 '신촌리 금동관, 그 시대를 만나다'라는 주제의 특별전시 프로그램과 동시에 개최됨으로써, 시너지 효과를 높였다.

이밖에 기초지자체의 관심도 늘어나고 있다. 영산강유역 마한사회의 중심을 이루는 나주시는 물론이고, 영암군과 해남군도 대학이나 발굴조사전문기관에 의뢰하여 군 단위의 고대유적 발굴과 그 성과를 조명하는 학술회의를 진행하고 있다. 영산강유역 마한사회의 양축을 이루는 나주시와 영암군은 2014년부터 해를 번갈아 가면서 마한문화축제를 거행하고 있다. 또한 영암군은 시종면에 마한문화공원을 조성하여 영암군 차원의 마한문화축제 등을 거행하여 마한문화를 기념하는 중심 공간으로 활용하고 있다. 나주시는 2016년 나주복암리고분전시관을 개관하여 유명한 복암리 고분의 발굴 성과를 전시·연구하는 공간을 확보하였으니, 이는 기초지자체 단위의 전문 전시관의 효시를 이루고 있다.

근래에 발굴과 연구과 전시와 홍보가 활발하게 병행 진행되면서 영산강유역 마한사회에 대한 관심과 이해도가 한껏 높아졌다. 이러한 학술적 접근이 더욱 깊고 넓게 진행될 필요가 있다. 그와 함께 영산강유역 마한사회의 핵심 콘텐츠를 활용하여 지역활성화에도 기여할 수 있는 방안을 마련할 필요도 있다고 생각한다. 이 점에서 발굴·연구기관인 전남문화재연구소을 산하에 두고 있는 전남문화광광재단과 콘텐츠 전문기관인 전남정보문화산업진흥원의 활약을 기대하고자 한다.

2. 가야사 담론과 몇 가지 제언

이제 방향을 바꾸어 다소 논쟁적인 가야사 담론으로 들어가 보자. 문재인 대통령은 지난 해 6월 1일 가야사 연구를 국정기획자문위원회의 지역정책공약으로 채택하면 어떨까 조심스럽게 타진하였다. 그리고 이후 이 문제는 역사학계뿐만 아니라 사회적으로도 뜨거운 이슈와 논란의 대상이 되어 왔다.

먼저 긍정론이다. 가야사는 경상도의 낙동강유역이 중심을 이루지만, 근래에 전라 동부지역에서도 가야문화의 흔적이 두텁게 나타나고 있으니 가야사의 연구를 통해서 영호남의 소통과 교류가 가능할 것이라는 적극적 긍정론으로부터 그간 부진한 가야사 연구를 진작시킬 수 있는 계기가 될 것이라는 소극적 긍정론에 이르기까지 다양하게 제기되었다. 부정론도 있었다. 대통령이 나서서 특정 지역과 특정 시대에 한정된 가야사 연구를 정책공약으로까지 채택하도록 독려한 것은 역사 연구의 불균형을 초래할 가능성이 있겠다는 심각한 부정론에서부터 가야사보다도 연구의 성과와 조건이 더 열악한 분야가 있다는 상대적 부정론에 이르기까지 역시 다양하게 제기되었다.

이렇듯 대통령의 가야사에 대한 일언은 예기치 않은 고대사의 논쟁을 불러 일으켰다. 가야사를 연구 소외 분야로 논급하자 더욱 소외되었다는 지역의 고대사에 대한 요구가 함께 분출한 것이다. 이러한 현상은 부정적으로만 볼 일은 아닌 것 같다. 그간 한국고대사의 체계가 삼국(고구려, 백제, 신라) 중심으로 설정된 것에 대한 한국고대사 균형 잡기의 계기로 삼을 수도 있을 것이기 때문이다. 이 점에서 실제 신라와 백제의 중심 지역에서 요구의 분출이 상대적으로 적었다는 점을 주목할 일이다. 따라서 대통령의 발언을 선순환의 계기로 삼기 위해서라도 삼국 중심의 고대사 체계를 극복하고 보다 입체적인 고대사 체계를 정립하기 위한 방안을 먼저 강구할 필요가 있다.

우리 고대사에 대한 인식 체계는 일찍부터 삼국 중심이었다. 김부식이 12세기에 편찬한 현전 最古의 사서 이름이 『삼국사기』이고, 그 이전에 이미 『구삼국사』가 편찬되었다는 것도 논의되고 있다.[89] 13세기에 일연선사가 편찬한 설화적 역사서의 이름 역사 『삼국유사』이다. 물론 『삼국유사』에는 고조선이나 마한, 가야, 부여, 진한 등에 대한 소개가 있긴 하지만 어디까지나 이는 부차적인 것이고 내용의 주류는 역시 삼국으로 구성되어 있다. 이러한 삼국 중심의 고대사 체계는 오랜 역사를 가지고 있어 부시불식간 우리의 고대사인식을 규정하면서 삼국 정립 이전에 전국 각처에서 일어나 분립했던 다양한 정치체들과 고대 문화권들의 실체를 무시하도록 만들었다.

그러나 근래에 삼국 중심의 고대사 체계에 대한 반성과 극복의 움직임이 힘차게 일어나고 있다. 삼국 중심의 고대사 체계에 가장 먼저 반기를 든 것은 바로 가야사를 통해서였다. 일찍부터 관련 지자체와 연구자와 주민들은 합심하여 '잃어버린 왕국 가야'라는 슬로건을 내세워 가야사 찾기 위한 노력을 지속적으로 경주해 왔다. 김해시는 1995년 이후 가야사학술회의를, 고령군은 2005년 이후 대가야학술회의를 매년 개최하여 가야사

---

89) 이강래, 「구삼국사론에 대한 제문제-특히 『삼국사기』와 관련하여-」, 『한국고대사연구』5, 1992 ; 이정훈, 「『구삼국사』의 편찬시기와 편찬배경」, 『역사와실학』31, 2006.

정립에 나서고 있다. 고고학자는 국가와 지자체의 지원을 받아 가야 유적지에 대한 고고학적 발굴을 진행하고 있고, 가야사 연구자들은 고고학 자료와 문헌 자료를 재구성하여 가야의 역사복원에 나섰다. 이에 따라 축적된 가야사의 유물들을 전시·연구하는 박물관이 도처에 세워졌고,[90] 가야사 연구자 중에는 '3국시대' 대신 가야를 추가하여 '4국시대'를 설정해야 한다는 주장을 펴는 이가 있는가 하면.[91] 어느 소설가는 문학적 상상력을 동원하여 가야를 '제4제국'이라 칭하면서 역사학계의 '4국시대론'을 보강해 주기도 하였다.[92]

이렇듯 지속적인 노력을 통해서 부산과 경남(일부 경북 포함)이 중심을 이루는 가야사와 가야문화는 정형을 갖추게 되었고, 전라도 동부지역에서도 그와 유사한 물질문화의 정형이 확인되기에 이르렀다.[93] 이로써 가야사의 범위는 낙동강에서 섬진강유역으로 확대될 가능성이 커지게 되었다. 잃어버린 왕국을 너무 열심히 찾다 보니 예기치 않은 왕국의 영역까지 찾아내게 된 셈이다. 이쯤 되면 가야사는 더 이상 '잃어버린 왕국'이

---

90) 가야와 관련된 박물관으로는 김해의 김해국립박물관과 대구의 국립대구박물관을 위시로 하여 김해 대성동고분박물관(금관가야), 고령 대가야박물관, 창녕박물관(비화가야), 함안박물관(아라가야), 고성박물관(소가야), 합천박물관(다라국), 부산 복천박물관 등이 있고, 가야사와 가야문화를 집중 연구하는 국립가야문화재연구소가 창원에 있다. 이밖에 창원패총유물전시관, 김해 봉황동유적패총전시관 및 율하유적전시관, 함안 말이산고분군전시관(준비 중) 등 크고 작은 가야사 관련 전시관도 허다하다.

91) 김태식, 「사국시대론 : 한국 고대사 삼국시대론의 대안」, 『한국고대사연구』46, 2007.

92) 최인호, 『제4의 제국(전3권)』, 여백미디어, 2006.

93) 이동희 「전남 동부지역 가야문화의 기원과 변천」, 『백제문화』45, 2011 ; 한국상고사학회, 『전남동부지역의 가야문화』(제36회 학술발표회 발표자료집), 2008 ; 하승철, 「외부에서 바라 본 전남 남해안 일대 가야문화」, 『전남지역 고대문화의 양상과 교류』, 진인진, 2018 ; 곽장근, 「전북지역 백제와 가야의 교통로 연구」, 『한국고대사연구』63, 2011 ; 곽장근, 「호남 동부지역 가야문화유산 현황」, 『경남발전』138, 경남발전연구원, 2017.

라 할 수는 없겠고, '잃어버렸다가 다시 찾은 왕국'이라 함이 더 적절하지 않을까?

대통령의 가야사에 대한 주문이 있은 연후에 과연 각 지역별로 고대사 연구와 활용에 대한 논의의 열기가 분출되었다. 가야사의 본고장이라 할 부산경남 지역은 물론이고, 가야의 문화적 영향을 받았을 것으로 보이는 전라도 동부지역의 경우 가야사 연구의 붐이 일어날 것이라는 기대가 한껏 일었다. 가야사의 문화적 권역 밖에 있는 지역에서도 나름 고대문화의 정체성을 주창하며 국가적 지원을 요구하는 목소리가 높아지기 시작하였다. 전남 서부지역에서 이른바 '영산강유역 마한사회론'에 의거한 고대사 복원에 대한 요구 열기가 가장 뜨겁게 일어나고 있는 가운데,[94] 강원도 영서지역과 영동지역에서도 '예(濊)사회론' 혹은 '맥국사회론'을 주창하며 지역 고대사의 연구와 복원에 대한 요구가 일기도 하였다.[95]

여기에서 몇 가지 제언을 덧붙인다. 첫째, 균형있는 한국고대사 체계의 정립을 위해서는 삼국 중심의 고대사 체계에서 소외된 비삼국 고대사에 대한 관심이 일어날 필요가 있다. 가야사에 대한 대통령의 제안은 가야사에 한정되지 말고 비삼국 고대사에 확대 적용될 필요가 있다. 이를 위해 필요하다면 가야사 등 "(가칭)비삼국 고대사 연구 진흥을 위한 특별법" 제정을 비삼국 고대사 연구 지자체가 연대하여 추진할 필요가 있다.

둘째, 비삼국 고대사 연구는 가야사, 마한사, 맥국사, 예국사, 부여사, 동예사 등으로 나누어 진행할 수도 있지만, 한국고대사라는 전체 체계를 염두에 두면서 상호 교차적 연구가 더욱 필요하다. 이와 함께 동아시아적 시각에서의 접근도 필요하다.

---

94) 영산강유역 마한사회에 대해서는 앞에서 상론하였다.
95) 국립순천박물관 등, 『고대 강원의 정치체와 물질문화』(제1회 강원 고대문화 연구 심포지엄 발표자료집, 2018. 6. 22.)

영산강유역 마한사회의 형성과 성립

김진영 (문화발전연구소)

Ⅰ. 머리말

최근 관심사 중 하나가 중앙중심의 시각에서 벗어나 지방의 역사를 규명하고자 하는 것이다. 이는 역사적 실체는 확인되나 문헌을 통한 자료가 빈약한 고대사회를 밝히는데 집중되며, 그 대상 중 하나가 마한이다. 마한은 조선시대 한백겸이『동국지리지』에서 경기·충청·전라지역으로 정한 이후 현재까지 통설로 인정되며, 영산강유역도 마한의 영역에 속한다. 마한의 국의 수는 문헌에 따라 약간의 차이가 있는 것으로 보아 1~2개 정도의 국이 새로이 출현하거나 소멸되기도 한 것으로 볼 수 있으며, 기원후 3세기경 50여개가 넘는 국이 존재한 것만은 확실하다.

어째건 영산강유역에는 여러 국이 비정되고 있으나, 영산강유역의 고대사회가 마한인가라는 의문은 여전히 남아 있으며, 이는 문헌자료와 고고학자료의 불일치성 때문에 더욱 그러하다. 우리는 이 사료들의 특징을 이해해야하며, 고고학자료도 집단별·지역별로 상이성을 보인다. 영산강유역의 고대사회가 마한인가라는 의문은 지역의 주체인 당시의 토착민과 토착민의 성장과정을 간과한 결과라고 생각한다. 4~6세기대 드러나는 영산강유역만의 독자성은 이전 시기부터 토착민들의 지속적인 내재적 발전에 의한 결과이며, 이 발전과정을 어떻게 이해하느냐 즉 영산강유역의 토착민들의 정체성이 한(韓)이라는 점을 상기한다면 자료의 간극을 좁힐 수 있을 것이다.

본고에서는 청동기시대 송국리문화에 새로운 물질문화가 유입되어 새로운 지역성을 형성해 가는 기원전 4~3세기부터 기원후 2세기까지의 물질문화를 대상으로 설정하였다. 이 시기동안 영산강유역의 물질문화는 불확실성과 다변성을 띠는 전환기의 양상을 나타내는데, 동북아시아의 정세가 급변하던 시대였고, 토착의 송국리문화에 직·간접적으로 외부적 자극이 가해지면서 능동적·수동적으로 새로운 물질문화와 이데올로기가 유입된다. 당시의 토착사회의 분위기에 따라 새로운 지역성을 형성해 가는 과정은 고고학적으로 다르게 나타나며, 영산강유역의 경우 토착의 지석묘사회를 중심으로 청동기문화를 기반으로 하는 군장사회의 출현, 철기문화의 유입 등 당대의 변화를 수용하면서 영산강유역의 한(韓)사회의 정체성을 통해 한(韓) 문화의 독자성을 확립시켜 영산강유역만의 마한문화를 형성해 간 것으로 설명할 수 있다. 이러한 영산강유역만의 독자성은 마한사회 형성기 정치체간의 상호작용과 성장과정 즉 '국'의 형성과정과 관련될 것이며, 결국 동일한 정체성을 기반으로 한 성장한 정치체를 통해 나타난 역사적 산물이라는 점이다.

II. 물질문화의 변화와 마한사회의 출현

마한의 형성시기는 역사적으로 고조선 준왕의 남천과 관련되며,『삼국지』에 나타난 준왕의 남천 내용을 통해서 기원전 194년 당시 이미 '한'(韓)사회가 있었음을 알 수 있다. 고고학적으로 주목해 볼 때 이른 단계(기원전 4~3세기)와 늦은 단계(기원전 2세기)에는 변화가 보인다. 이른 단계에 금강~만경강유역에 관련 유적이 집중되는 반면, 후자의 시기가 되면 영남지역에서도 새롭게 유적이 등장한다. 이는 분명히 의미있는 변화이다. 이 변화를 역사적으로 해석하면 이른 단계는 한이 분화되기 전, 그리고 금강~만경강유역에 무게 중심이 놓인 단계이고, 늦은 단계는 영남지역에서 새로이 정치체들이 성장하면서 한이 마한과 진변한으로 구분되는 시점이라고 간주할 수 있다. 그렇다면 한 사회의 대두(기원전 4~3세기), 한의 분화(기원전 2세기)로 양분할 수 있다[1]. 해당시기의 문헌자료와 고고학자료를 비교해보면 대체로 일치하며, 동북아시아의 정세변화(진(秦)통일, 위만조선 건국, 위만조선 패망 등)따른 인구의 이동이 '한'(韓)사회의 변화에 큰 영향을 미친 것으로 보인다.

〈자료 1〉

진한은 마한의 동쪽에 있다. 노인들은 대대로 전하여 말하기를 "옛날의 망명인으로 진(秦)나라의 고된 부역을 피하여 '한'(韓)나라로 왔는데 마한이 그들의 동쪽 땅을 떼어 우리에게 주었다"하였다. 성책이 있다. 그 언어는 마한과 달라서 나라(國)를 방(邦)이라 하고, --------- 지금도 진한(辰韓)을 진한(秦韓)이라고 부르는 사람이 있다. 처음에는 여섯 나라가 있었는데 차츰 나뉘어 12국이 되었다.

『삼국지』권30, 「위서」30, 동이전, 진한

〈자료 2〉

연나라에서 망명한 위만의 공격을 받아 나라를 빼앗기자, 그 측근 신하와 궁인들을 거느리고 달아나 바다로 들어가 한 땅에 살면서 스스로 한왕이라고 불렀다. 그 후손은 아주 멸망하였으나, 지금 한인 중에는 아직 그의 제사를 받드는 사람이 있다.

『삼국지』권30, 「위서」30, 동이전

〈자료 3〉

변진 역시 12국이다. 또 여러 작은 별읍이 있어서 제각기 거수(渠帥) 있다. ----
--변한과 진한을 합하면 24국이다. ----- 그 가운데 12국은 진왕(辰王)에게 복속하는데, 진왕은 항상 마한 사람을 세워 대대로 이어가며 진왕 스스로 왕이 되지는 못하였다

『삼국지』권30, 「위서」, 동이전, 변진

---

1) 권오영 2018, 「마한제국의 출현과 동북아정세」, 『영산강유역 마한제국과 낙랑・대방・왜』, 전라남도문화관광재단 전남문화재연구소, 11쪽.

<자료 4>

(삼한 78국 중) 큰 나라는 만여호고 작은 나라는 수천 가(家)이다. 각기 산과 바다 사이에 자리잡고 있는데, 땅을 합하면 서방 4,000여 리며, 동쪽과 서쪽이 바다와 접하니 모두 옛 진국(辰國)이다. 마한이 가장 크므로 여러 나라가 함께 마한 사람을 진왕으로 삼으니, 목지국에 도읍하여 전체 삼한 땅의 왕으로 군림한다. 그 여러 나라 왕의 선대는 모두 마한 사람이다.

『후한서』권115, 「동이열전」, 한

<자료 5>

일찍이 우거가 아직 격파되기 전에 조선상 역계경이 우거에게 간하였으나 받아들여지지 않자 동쪽의 진국(辰國)으로 갔다. 그때 민인(民人)으로 그를 따라나가 산 사람이 2,000여 호(戶)나 되었는데, 역시 조선 공번과는 서로 왕래하지 않았다.

『삼국지』권30, 「위서」30, 한

먼저 '한'(韓) 사회의 대두기이다. 문헌기록을 통해 준왕 남천 이전 '한'(韓)사회가 존재하였고(자료 1·2), 〈자료 1〉에서 보듯이 진나라(기원전 221~206년)때인 기원전 3세기 후반경 '한'(韓)사회에는 정치체가 있었고, 이를 통솔하는 중심정치체가 존재하였다.

고고학적으로 기원전 4~3세기경으로 추정되며, 이 시기는 남한지역에서는 청동기시대 이래로 지속되어 오던 토착문화인 송국리문화를 비롯하여 원형점토대토기문화, 세형동검문화, 적석목관묘, 석관묘, 토광묘 등 새로운 물질문화가 확인되며, 청동기문화를 대표로 하는 발달된 선진문화는 중서부지역을 중심으로 하여 남한지역에 확산된다[2]. 물질문화는 집단의

---

2) 이청규 1982, 「세형동검의 형식분류 및 그 변천에 대하여」, 『한국고고학보』13, 한국고고학회,
이건무 1994, 「한국식동검무노하의 성격-성립배경에 대하여-」, 『동아시아의 청동기문화』, 문화재연구소,
조진선 2005, 『세형동검문화의 연구』, 학연문화사.

정체성을 대변해주는바, 다양한 정체성을 지닌 집단의 모습으로 이해되며, 이들이 준왕 남천 이전의 '한'(韓)사회와 관련될 것이다. 특히 중서부지역의 아산 남성리, 대전 괴정동, 예산 동서리 등 이형동기, 다뉴경, 동령구 등의 고도로 발달된 청동기부장묘의 주인공들은 당시 중서부지역 최고 수장층의 모습으로 추정되며, 중서부지역 '한'(韓)사회의 중심정치체로 상정된다. 중서부지역에서 중심정치체는 발달된 청동기문화를 기반으로 하지만, 각 지역별 고고학적 현상은 반드시 중서부지역과 동일하지 않았으며, 영산강유역에서는 지석묘를 기반으로 하는 정치체가 존재하고 있었다.

다음은 '한'(韓)사회의 분화기이다. 마한·변한·진한으로 나누어지는 시기로 이해되며 준왕의 남천과 관련되며, '한'(韓) 사회의 분화가 촉진되는 시기로 볼 수 있다. 삼한 사회의 주도권은 마한이 잡고 있었으며(자료 1~4), 고고학자료를 통해서도 확인되는데, 한의 주도권을 쥔 마한의 물질문화는 청동기문화를 기반으로 성장하며, 금강유역에서 토광묘계 묘에서 집중된다. 기원전 2세기경이 되면 금강유역과 만경강유역에서 기존의 청동기문화를 기반으로 발달한 청동기와 철기를 부장한 토광묘계가 확인되고, 만경강유역에서는 집단묘로 조성된다. 이는 준왕 남천 이후 '한'(韓)사회의 분화가 심화된 모습으로 이해되며, 고고학자료에서는 이러한 변화가 지역마다 상이하였음을 보여주고 있다. 이러한 사례는 변·진한지역에서는 찾기 어렵다[3].

준왕집단은 망명시(자료 2) 다양한 계층의 주민 직계가족, 가(家)세력, 장인집단 등을 거느리고 이주하였을 것이고, 내부에서 성장한 집단에게는 외부적 충격으로 두 집단이 서로 갈등하였고, 일부 세력집단은 정주하

미야자토 오사무 2010, 『한반도 청동기의 기원과 전개』, 사회평론.
박진일 2013, 『한반도 점토대토기문화 연구』, 부산대학교대학원 박사학위논문.
김진영 2018, 『영산강유역 철기시대 문화 연구』, 영남대학교대학원 박사학위논문.
3) 〈자료 1〉에서 나타나듯이 중국에서 부역을 피해 도망 온 하위계층들을 진한으로 정주시켰는데 이들은 '한'(韓)사회에 영향력을 미치지 못한 것으로 보인다.

였고, 일부 세력 집단은 다른 지역으로 이주해 간 것으로 보인다. 준왕집단의 후손이 아주 멸망하였다는 것은[4] 중서부지역 내에서 확장성을 갖지 못하였으며, 한인 중에는 아직 그의 제사를 받드는 사람이 있다는 것은 중서부지역 '한'(韓)사회에 동화된 세력으로 이해된다. 청동기문화를 기반으로 한 준왕집단의 물질문화는 남천과 더불어 중서부지역의 청동기 제작기술 발전에 큰 역할을 하였을 것이고, 이는 정주하여 '한'(韓)사회에 동화된 세력 중 하나인 장인집단과 관련될 것이다. 중서부지역에서 확산된 청동기문화인 화순 대곡리나 함평 초포리, 전 논산, 전 상주 동령구, 경주 입실리 동경 등은 중서부지역에서 상위그룹간의 경쟁에 의해 분기된 세력으로 이주의 결과로 추정된다.

이처럼 중서부지역에 집중되어 있던 상위그룹의 엘리트세력이 분기되는 시기를 '한'(韓)의 분화기로 볼 수 있을 것이다. 기원전 2세기를 전후한 시기에 해당된다. 청동기문화를 기반으로 한 엘리트세력의 이주는 토착의 단위집단들 간의 관계에 자극을 주었고, 토착집단과 이주집단간의 관계에서 비롯된 상호작용은 정치체를 성장시켜서 '국'으로의 성장을 자극한다. 만경강유역의 경우는 청동기주조기술을 최고의 수준으로 발달시키고, 위만조선과 긴밀한 상호작용을 통해 농공구류 중심의 전국계철기를 보급 받아 서남한지역 중심정치체로 성장한다[5].

기원전 2세기 후반경이 되면 의미있는 물질문화 변화가 분명하게 나타나는데, 서남한지역의 만경강유역에서는 청동기와 철기를 부장한 토광묘 집단의 모습이 사라지고, 동남한지역에서는 청동기와 철기를 부장한 목

---

4) 삼국지 기록 당시 멸족(滅族-한 가문이나 종족을 망하게 하여 없앤다)이라는 용어가 있었는데, 멸망을 사용한 점이 주목된다.
5) 김진영, 2018, 「영산강유역 철기 수용과 배경」, 『호남고고학보 제59집』, 호남고고학회, 126~142쪽.

관묘의 출현과 더불어 제철유적 등이 확인되는 의미있는 변화가 확인된다. 이 시기는 위만 조선의 멸망 시기와 일치하고, 서남한지역과 동남한지역 물질자료의 차이성이 분명하지만, 동일계통의 철기문화가 본격적으로 확산되는 공통성이 확인된다. 이는 '한'(韓) 사회의 분화를 더욱 촉진시키고, 집단 간 긴밀한 상호작용을 이루어지면서 지역정치체로 성장하여서 '소국'(小國)을 형성해 간다.

III. 권역설정과 시기구분

1. 권역설정

영산강유역의 공간범위에 대한 구분은 호남정맥의 서쪽에 속하는 전남서부지역이며, 권역을 7개로 설정하였다. 이러한 권역구분은 연구자간 약간의 차이는 있으나 3~6세기 고고학 연구에서 7~9개로 설정되는 것과 상통한다. 이렇게 3세기 이후 고고학 자료와 동일한 권역설정이 가능한 이유는 이전 시기 동안 지속적으로 변화·발전한 결과가 뒷받침되었기 때문에 가능한 것이다.

영산강은 중·하류권의 하천의 너비가 현재에도 400~2,000m 달하며, 근대에 목포항을 통해 서양 선교사들이 배를 타고 광주 서창포구까지 입국하였다[6]. 즉 근대까지 이동수단은 선박과 도보였고, 수심이 얕은 상류권에서 건너는 방법 뿐이었다. 유적의 분포에 있어서 해안지역이나 강의 하류권보다 내륙으로 갈수록 밀집도가 높아지는데, 해상루트가 완성되기

6) 박광순, 1998, 「영산강 뱃길 복원의 의의와 기본구조」, 『영산강 뱃길 복원과 개발방향』, 나주시·목포해양대학교 해양산업연구소.

전까지 내륙을 통한 루트가 활발했음을 시사해 주고 있다. 해안지역에 유적의 밀집도가 낮은 것은 해상루트상의 해양거점유적이 한정되었다는 것으로 볼 수 있을 것이다.

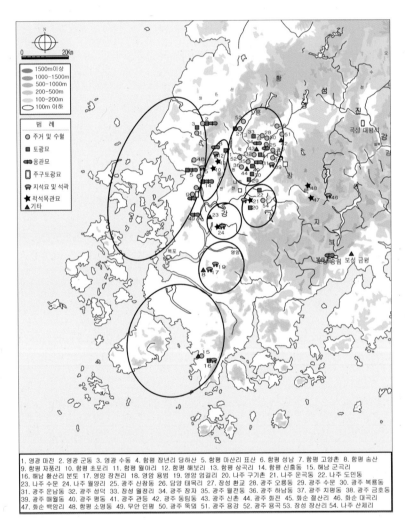

1. 영광 마전 2. 영광 군동 3. 영광 수동 4. 함평 장년리 당하산 5. 함평 마산리 표산 6. 함평 성남 7. 함평 고양촌 8. 함평 송산 9. 함평 자풍리 10. 함평 초포리 11. 함평 월야리 12. 함평 해보리 13. 함평 상곡리 14. 함평 신흥동 15. 해남 군곡리 16. 해남 황산리 분토 17. 영암 장천리 18. 영암 용범 19. 영암 엄길리 20. 나주 구기촌 21. 나주 운곡동 22. 나주 도민동 23. 나주 수문 24. 나주 월양리 25. 광주 신창동 26. 담양 태목리 27. 장성 환교 28. 광주 오룡동 29. 광주 수문 30. 광주 복룡동 31. 광주 운남동 32. 광주 성덕 33. 장성 월정리 34. 광주 장자 35. 광주 월전동 36. 광주 하남동 37. 광주 치평동 38. 광주 금곡동 39. 광주 매월동 40. 광주 평동 41. 광주 관동 42. 광주 동림동 43. 광주 신촌 44. 광주 화전 45. 화순 절산리 46. 화순 대곡리 47. 화순 백암리 48. 함평 소명동 49. 무안 인평 50. 광주 독동 51. 광주 용강 52. 광주 용곡 53. 장성 장산리 54. 나주 산제리

〈그림 1〉 유적의 분포 및 권역 설정

2. 유적 · 유물로 본 시기구분

마한의 형성기와 성립기는 고고학의 시대구분으로 보면 철기시대에 해당하며, 선사에서 고대로 이행하는 전환기의 시대라고도 칭해진다. 이러한 시대적 성격은 물질문화에도 반영되어 고고학적으로 형식변화를 구분하기가 매우 난해하다. 따라서 편년의 기준이 되는 유물이나 유적, 유물의 교차연대를 통해 가능하며, 광주 신창동저습지와 해남 군곡리패총은 층위의 서열관계를 통해 당대 토기의 계기적 변화를 잘 보여줄 뿐아니라, 외래계유물이 다수 출토되어 영산강유역 편년의 기준이 되고 있다. 이에 영산강유역 마한사회 형성기와 성립기의 물질자료를 Ⅰ~Ⅴ기로 구분하였다[7].

〈표 1〉 영산강유역 시기구분

구분		Ⅰ기	Ⅱ기	Ⅲ기	Ⅳ기	Ⅴ기
		BC4~3세기	BC2세기	BC1세기	AD1세기	AD2세기
분묘	유형	지석묘, 석관묘, 토광묘	지석묘, 적석목관묘, 토광묘, 석관묘, 옹관묘	지석묘, 토광묘, 주구토광묘, 옹관묘	토광묘, 옹관묘	토광묘, 옹관묘, 주구토광묘
	금속기	경형동기	청동무기류, 청동공구류, 동경류,1군철기,	1·2군철기, 청동부속구	1·2군 철기	방제경, 조문청동기, 2군 철기
	대표	함평 상곡리1호 나주 운곡동 Ⅰ-5호 수혈 및 저습지, 영광 군동B-4호 등	함평 초포리, 화순 대곡리·백암리, 전 영암용범,나주 운곡동, 광주 매월동, 해남 황산리 등	광주 신창동, 나주 구기촌, 광주 장자, 무안 인평, 영광 군동, 영암 엄길리, 장성 월정리, 나주 월양리 등	광주 복룡동, 광주 평동, 함평 신흥동, 함평 송산, 영광 군동 등	영광 수동, 함평 신흥동, 해남 황산리, 장성 환교 등

---

7) 김진영, 2018, 『영산강유역 철기시대 문화 연구』, 영남대학교대학원 박사학위논문.

주거지	구조	송국리형 주거지, 타원형계 주거지 (AⅡb식)	송국리형주거지 (AⅠa식,BⅠa식,) 원형계주거지(AⅡ식,AⅡb식)	송국리형주거지(AⅠa식,BⅠa식,), 원형계(AⅡ식, AⅠc식), 방형계(BⅡa식), C식	송국리형주거지(AⅠa식, BⅠa식), 원형계(AⅡ식, AⅡb식), 방형계(BⅡa식, BⅡb식), C식	송국리형주거지(BⅠa식, BⅠb식,), 원형계(AⅡb식), 방형계(BⅡa식, BⅡb식)
	대표	나주 운곡동 등	광주 수문, 광주 평동, 광주 관등 등	광주 신창동, 담양 태목리, 광주 수문, 광주 평동, 함평 고양촌, 해남 군곡리 등	광주 평동, 광주 오룡동, 나주 랑동, 해남 군곡리 등	해남 황산리, 담양 태목리, 광주 평동, 광주 오룡동, 광주 신창동, 광주 용곡 등
토기류		무문, 원형점토대 A1식·A2식	무문, 원형점토대A2식, 삼각점토대a·b식, 흑도AⅠAⅡ·BⅠ·BⅡ식, 두형AⅡ2식	무문, 경질무문, 삼각형점토대, 흑도AⅠAⅡ·BⅠ·BⅡ식, 두형BⅡ2·AⅠ3·C식	경질무문, 삼각형점토대, 타날문, 두형C식, 조형토기	경질무문, 삼각형점토대, 연질토기
외래유물			철착, 야요이계토기 등	오수전, 철경부동촉, 낙랑계토기, 유리구슬, 야요이계토기, 칠기, 복골, 철기 등	화천,유리구슬, 복골, 철기, 패제장신구류, 현무암 등	방제경, 조문청동기, 백색토기, 철기 등
기타		석기류	석검, 석제공구류	석검, 석제공구류	석제공구류	석제공구류 유리용범 등요식토기가마

1) Ⅰ기

Ⅰ기는 한반도 중서부지역에 유입된 원형점토대토기문화가 남부지역으로 확산되고, 세형동검문화가 유입되는 시기이며, 토착의 송국리문화를 기반으로 한다. 분묘는 영광 군동 B-4호 토광묘에서 원형점토대토기A1식이 확인되고, 함평 상곡리 석관묘에서 경형동기 4점 등이 확인된다. 주거지는 타원형계주거지가 송국리취락에서 확인되는데 나주 운곡동 5

호 수혈을 통해 확인되고, 원형점토대토기가 출토되었고, 저습지에서도 동일한 토기문화가 확인된다. 연대는 기원전 4~3세기에 해당한다.

2) Ⅱ기

Ⅱ기는 한반도 중서부지역의 세형동검문화가 확산되고, 삼각형점토대 토기문화가 후반기에 등장한다. 분묘는 지석묘, 적석목관묘, 토광묘, 석관 묘, 옹관묘 등이 다양하게 확인되고, 최상급청동기를 부장한 적석목관묘 가 출현한다. 함평 초포리적석목관묘에서 세형동검, 중원식동검, 동과, 동 부, 동착, 동사, 다뉴경등 다종의 청동기가 확인되며, 화순 대곡리적석목 관묘에서도 유사한 조합이 확인되고, 전 영암용범을 통해 청동기 제작기 술의 유입도 확인된다. 광주 관등이나 나주 도민동에서 재지화된 원형점 토대토기 A2식이 출토되고, 나주 운곡동 석곽 에서 원형점토대토기 A2식 이 출토되었고, 장성 월정리Ⅱ-1호 토광묘에서는 석검과 편평촉, 흑도편 이 출토되었다. 송국리형주거지, 지석묘 등에서도 원형점토대토기 A2식 이 확인되었다. 나주 운곡동지석묘나 영암 장천리지석묘에서는 세형동검 이 부장된다. 토착의 송국리문화에 새로운 물질문화가 본격적으로 수용되 며, 늦은 시기에는 삼각형점토대토기문화가 대규모로 광주 신창동과 해남 군곡리에 출현하고, 합구식옹관묘가 확인된다. 주거지는 송국리형주거지, 원형계·타원형계주거지가 등장하고, 광주 평동 A-390호와 415호 수혈에 서 이타즈케식 야요이계토기가 확인되었고, 나주 운곡동지석묘에서는 세 형동검편과 함께 철착이 확인되었다. 연대는 기원전 2세기에 해당한다.

3) Ⅲ기

Ⅲ기는 물질문화의 형식적 변화를 뚜렷하게 감지하기가 어려울 정도로 복잡한 양상으로 확인되는 시기이다. 분묘는 지석묘, 토광묘, 옹관묘, 주

구토광묘 등이 확인되는데, 나주 구기촌에서는 청동기와 철기조합을 갖는 토광묘가 집단으로 확인되고, 합구식옹관묘가 광주 신창동을 비롯하여 광주 운남동, 광주 장자, 광주 평동, 무안 인평, 함평 장년리, 함평 송산 등에서 확인된다. 주구토광묘는 영광 군동과 함평 자풍리(주구만 확인) 등에서 확인되었고, 토광묘는 장성 월정리, 광주 성덕, 광주 수문 등에서 확인되고, 삼각형점토대토기나 무문토기 등이 출토된다. 주거지는 앞 시기와 비슷한 형태를 보이나 송국리형주거지의 특징적 요소인 타원형구덩이나 양단주공이 사라져가고, 원형이나 타원형, 방형계주거지의 수가 증가하고 이형의 주거지도 확인된다. 타원형구덩이가 노지화된 사례가 광주 평동 A-49호 주거지 등에서 확인되어 부뚜막시설이 유입되었을 가능성이 있다. 이들 주거지는 대체로 이전 시기부터 형성된 취락을 중심으로 확인되고, 함평 고양촌과 같이 단일취락을 형성한 경우도 있지만 취락의 규모는 10기 내외이다. 철기문화는 삼각형점토대토기문화로 대표성을 띠며 저변에 확산되고, 이에 따라 무문토기의 소성도가 높아지고 가장 전통적 기종인 호를 중심으로 경질화되고, 시루 등의 신기종이 확인된다. 한계유물과 왜계유물이 출토되는데, 광주 신창동에서는 오수전, 철경부동촉, 낙랑계토기, 복골, 스구식의 야요이계토기, 유리구슬, 각종 칠기, 청동제부속구 등이 확인되었고, 해남 군곡리에서는 복골, 유리구슬, 죠노코식의 야요이계토기 등이 확인된다. 변·진한계의 철기류가 토광묘에 부장되기 시작한다. 외래유물은 해안가나 강가의 유적에서 집중되고, 후반기부터 한계유물이 확인되는데, 특히 광주 신창동이나 해남 군곡리를 중심으로 거점을 이루는 형태로 확인된다. 연대는 기원전 1세기에 해당한다.

4) IV기

IV기는 물질문화는 여전히 복잡한 양상을 보이며, 앞 시기와 비슷한 양상을 보인다. 분묘는 토광묘와 옹관묘 등이 확인되며, 광주 복룡동토광묘에서 비단끈으로 엮은 화천꾸러미와 유리구슬, 토기류가 확인되고, 철제무기류 1점 정도를 부장하는 토광묘가 1기 정도씩 권역별로 확인된다. 주거지는 이전 시기와 유사한 형태들이 확인되고, 내부에 점토를 이용한 부뚜막이 광주 평동이나 담양 태목리 등에서 확인된다. 수정다면옥, 중국토기모방토기, 화천, 유리, 복골, 골제장신구 등 장신구류를 중심으로 한계유물이 다양해지고 해남 군곡리, 나주 랑동, 광주 복룡동 등에서 화천이 출토되고, 화폐 출토량이 증가한다. 변·진한계는 철기와 더불어 장동호 등의 모방토기가 확인되며, 왜계는 패제관옥과 패천 등이 확인된다. 새롭게 주호계유물이 확인되는데 현무암이 혼입된 대호편들이 해남 군곡리에서 다수 확인되었고, 나주 수문패총에서는 현무암덩어리가 확인된다. 경질무문토기옹에 타날문을 시문한 사례들이 해남 군곡리나 담양 태목리 등에서 확인되고, 연대는 기원후 1세기에 해당된다.

5) V기

V기는 주구토광묘와 소위 마한계주거지로 칭해지는 부뚜막시설이 있는 방형계주거지(필자 BⅡb식), 타날문연질토기가 후반기에는 일반화된다. 분묘는 토광묘, 주구토광묘, 옹관묘 등이 확인된다. 제형의 주구토광묘가 집단묘로 조성되기 시작하고 동일묘역에서 토광묘와 옹관묘가 함께 확인된다. 옹관묘는 단독묘역으로 조성되는 사례는 함평 송산에서 확인되며, 대부분 토광묘와 함께 묘역을 조성한다. 점차 토광묘계를 중심으로 공간적으로 확산되어가고, 토광묘계를 중심으로 유리구슬이나 철기가 부장된다. 해남 군곡리에서는 유리용범과 등요식토기가마가 확인되어 신기술의 발달이 확인된다.

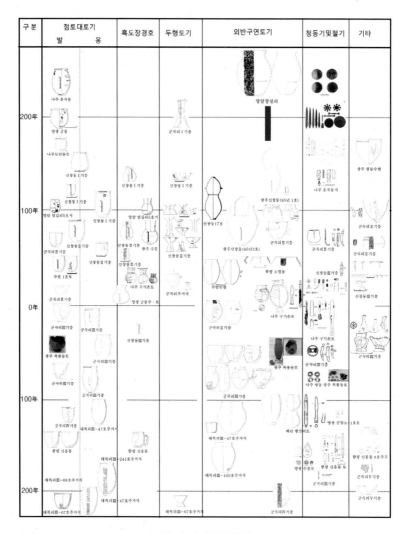

〈그림 2〉시기별 유물편년

Ⅳ. 韓 정치체의 상호작용과 '국'의 형성

1. 군장사회의 출현

정치체의 형성은 사회발전과정에서 단순사회에서 복합사회로의 변화과정에서 이루어지며, 복합사회는 사회의 불평등, 전문화, 혈연을 통한 위계의 세습 등을 기준으로 한다. 청동기시대 지석묘를 통해 동원되는 인력 수, 부장품, 유물을 통해서 지석묘사회를 족장사회로 비정하였고[8], 청동기시대 전기부터 계층화가 시작되는 복합사회로의 모습이 확인되며, 모든 지역에서 동일하게 나타나지는 않는다.

고고학적으로 드러난 유럽 군장사회의 특징을 살피고, 고고자료와 문헌자료를 통해 세형동검이 부장되는 시기 또는 삼한사회를 군장사회로 비정하기도 하였다[9]. 또한 동경단계의 부장유물을 각 등급별로 종류를 정리하여 무덤 주인공의 사회적 성격을 이해하였으며, 이러한 등급화 현상이 무덤의 배치상태와 축조방식과 관련이 있음이 확인되었다. 다뉴경과 청동기문화의 확산은 중국 동북지역의 심양 정가와자 유형이 연의 동진에 의한 것으로 청동기 부장묘는 초기 '국'의 우두머리 무덤으로서 대동강유역과 금강유역 등지의 동검 형식이 다를 뿐 동일한 조세문경을 최고

---

8) 이영문 1993, 『전남지방 지석묘 사회의 연구』, 한국교원대학교 박사학위논문.
   이영문 2002, 『한국 지석묘 사회 연구』, 학연문화사, ~쪽.
   최몽룡 · 최성락 편저 1997, 『한국고대국가형성론』, 서울대학교출판부.
   이성주 1999, 「지석묘:농경사회의 기념물」, 『한국 지석묘(고인돌)유적 종합조사 · 연구』, 문화재청 · 서울대학교박물관, 423~441쪽.
   한국고고학회 2007, 『계층 사회와 지배자의 출현』, 사회평론.
   이청규 2016, 「청동기 보급의 주체와 지석묘 축조 집단」, 『백산학보』106호.
9) 김정배 1979, 「군장사회발전단계시론」, 『백제문화』12, 공주대학교 백제문화연구소.

의 위세품으로 한다[10].

<표 2> 각 등급별 다뉴경 부장묘의 공반유물(이청규 2015인용 후 보완)

동경형식과 부장등급	공반청동기종류	무기	공구 (철기포함)	마구	이형동기	동령구	비고
A형 (조문경)	1등급	●	●	●			
	2등급	●	●				
	3등급	●					
B형 (조세문경)	1등급	●	●		●		
	2등급	●	●				
	3등급	(검)					상곡리
C형 (세문경)	1등급	●	●			●	초포리 대곡리
	2등급	●	●				백암리 운곡동
	3등급	(검)					장천리
	3등급		(공구)				

한반도 중서부지역에 유입된 중국 동북지역의 문화는 독특한 문화양상으로 발전해가면서 동모, 동과, 중원식동검, 동사 등의 새로운 중원식 문물을 받아들이며, 남부지역으로 확산된다. 즉 청동기부장묘의 확산은 실력을 갖춘 유력 개인의 등장과 맞물리는 것으로 이를 초기 단계 '국'의 출현으로 가늠해 볼 수 있으며, 다뉴경을 포함한 다량의 청동기가 부장된 묘를 당대 최고 지배층의 묘로 보는 것에는 이견이 없다. 이러한 청동기 부장묘가 영산강유역에서도 등장하는 바, 함평 상곡리와 함평 초포리, 화순 대곡리 · 백암리 등이며, 다뉴경의 B형과 C형 단계에 해당된다.

B형(조세문경) 단계는 필자의 Ⅰ기에 속하며 연대는 기원전 4~3세기

10) 이청규 2015, 『다뉴경과 고조선』, 단국대학교 동양학연구원.

경에 해당된다. 함평 상곡리 4호 석관묘에서 경형동기 4점이 출토되었고, 동시기 중서부지역의 청동기부장묘와 비교했을때 현격한 차이를 보이지만, 고급기술인 밀랍법으로 제작된 종교적 의기류인 경을 부장한 측면에서는 공통적이다. 경형동기는 동경류로 동경은 신분을 과시하는 위세품 혹은 종교적인 의기로 추정되며[11], 그 의미는 태양을 상징화하는 샤머니즘적 요소를 포함한 종교적 의기로 요령지역 청동단추가 의기화되어 태양을 형상화한 것으로 추정되고 있다[12]. 동일한 기능의 경류는 익산 다송리 적석목관묘에서 출토된 대형동포 등이 있다. 중국 동북지방의 동검문화가 중서부지역에 유입될 당시 이형동기나 경류 등 의기류가 출토되는 특징을 보이는데 함평 상곡리도 이 특징을 갖고 있다. 상곡리석관묘에서는 토착적 요소와 외래적 요소가 확인되는데, 이로보아 상곡리 석관묘의 피장자는 중서부지역을 거쳐 함평 상곡리에 정착한 외래계토착인일 가능성이 있다. 당시 중서부지역의 최고지배층이 정치적·군사적 권위와 종교적 권위를 동시에 지니고 있는 반면에, 상곡리 경형동기 부장묘의 피장자는 종교적 권위만을 갖은 위계가 낮은 제사장적 성격을 띤 하위급 지배층의 구성원으로 3등급의 묘에 해당된다. 대체로 3등급의 묘가 다수의 군집묘로 확인되는데 비해 영산강유역에서는 단독묘로 확인되고 있어 중서부지역에서 이탈한 세력으로 추정된다.

C형(세문경)단계는 II기에 속하며, 연대는 기원전 2세기경에 해당된다. 함평 초포리와 화순 대곡리·백암리 등에서 확인되며, 중서부지역에서 확인되었던 최상급 청동기부장묘가 등장하고, 더불어 청동기를 생산

---

11) 이청규, 2010, 「다뉴경 형식의 변천과 분포」, 『한국상고사학보』67호, 한국상고사학회, ~쪽.
12) 조진선, 2009, 「다뉴경으로 본 동북아세아 청동기문화의 발전」, 『청동거울과 고대사회』, 복천박물관, ~쪽.

할 수 있는 용범이 영암지역에서 확인된다. 함평 초포리 묘에는 다뉴경 3점, 세형동검, 중원식동검, 동모, 동사, 동부, 동착, 간두령 2점, 쌍두령, 조합식쌍두령, 병부동령, 지석, 곡옥 2점, 검파두식이 부장되었다. 화순 대곡리 묘에는 다뉴경 2점, 세형동검 5점, 동부, 동사, 쌍두령 2점, 팔두령 2점이 부장되었다. 화순 백암리 묘에는 다뉴경, 세형동검 3점, 동과, 석촉, 관옥, 흑도편이 부장되었다. 이들 청동기부장묘는 단독묘로 확인되고, 철기를 포함하지 않으며, 함평 초포리 묘와 화순 대곡리 묘에는 토기류도 부장되지 않는다. 함평 초포리 묘와와 화순 대곡리 묘는 무기, 공구, 동령구가 공반되는 경우로 1등급의 묘로 상정되며, 화순 백암리 묘는 무기와 공구가 공반되는 경우로 2등급의 묘로 상정된다. 특히 함평 초포리 묘는 동령구와 중원식청동기의 종류가 다양하고, 양적으로도 차이가 있어 피장자의 사회적 신분과 지위가 더 월등했던 것으로 추정된다.

동경 부장묘의 무덤 구조를 보면 중국 동북지역에서는 A, B형경 단계의 묘제는 일정하지 않다가, 한반도에서 B형경 단계 이후에 와서 적석목관묘라는 묘제로 일정하게 자리잡아서 C형경 단계까지 이어지며, 이는 일본의 규슈지역에까지 파급된다[13].

유력개인묘가 영산강유역에 등장하는데, Ⅰ기에 '국' 시스템을 경험한 하위급의 지배층이 함평지역에 등장한다. Ⅱ기에는 최상급 유력개인묘가 함평과 화순에 등장하는데 '국' 시스템의 최상위 계층으로 동시기의 영암 용범을 통해 청동기 장인의 동반이 확인된다. 함평 초포리 묘는 Ⅰ기의 함평 상곡리 묘와 3㎞ 정도 떨어져 서로 조망이 가능한 곳에 위치하고 있어 상곡리집단을 계승했을 가능성도 있다. 이러한 탁월한 권위를 가진 유력 개인세력이 영산강유역으로 이주해 들어온 것은 준왕남천과 관련한 것으로 중서부지역에서 상위그룹 간의 경쟁에서 분기된 세력 일부가

---

13) 이청규, 2015, 『다뉴경과 고조선』, 단국대학교 동양학연구원.

함평 초포리와 화순 대곡리에 정주한 것으로 볼 수 있다. 중서부지역에서 새로운 영역을 개척하기 위해 청동기문화에 기반을 둔 대적할만한 세력이 성장하지 않은 지역으로 이주한 것으로 추정되며, 청동기부장묘가 유독 지석묘의 분포가 낮은 지역에서 확인되는 것은 사회경제적 기반에 근거한 것으로 추정되기도 하였다[14]. 초포리와 대곡리 집단과 더불어 확인되는 전 덕산, 전 논산, 전 상주의 동령 조합 등도 같은 맥락 속에서 이해할 수 있다. 하지만 초포리와 대곡리의 청동기부장묘와 전 영암용범은 영산강유역 내에서 청동기문화를 기반으로 한 3대 중심축을 이루는 모습으로 나타난다. 이는 고조선세력이 한반도 쪽으로 이동하는 것과 동일한 맥락에서 이해된다. 이를 통해 영산강유역 내 군장의 지배 이데올로기를 지닌 '국'의 시스템을 갖춘 정치체가 본격적으로 이식되었고, 지석묘를 기반으로 한 토착의 수장사회를 자극하여서 지석묘로 대표되는 정치체들과 공존하면서 상호작용하였을 것이다.

2. 정치체의 상호작용과 국의 형성

청동기를 물질문화로 하는 정치체가 출현할 당시 영산강유역의 토착사회는 송국리문화가 기반을 이루었으며, 지석묘를 통해서 노동력이 중시되는 공동협업체제의 이데올로기를 지닌 족장사회의 수장이 설명될 수 있다. 이는 개인 지향의 권력을 추구하는 이데올로기를 지닌 군장사회의 '국'의 수장인 군장과는 다른 모습이다.

영산강유역 내 군장사회의 물질문화는 일정한 거리(50㎞-35㎞-47㎞)를 두고 고막원천권-영산강하류권-지석천권(-고막원천권)에 확인되는바,

---

14) 정진명, 2000, 『금강유역권 세형동검문화의 연구』, 충북대학교대학원 석사학위 논문.

3대 중심축을 이루어서 거점지를 형성하는 형태로 영산강유역 내 최초의 거점지라고 할 수 있다. 이는 대내외적으로 청동기문화를 파급시키고자 한 전략적 선택으로 보이는데, 세 거점지는 수로를 통해 연결되며, 지석묘세력이 약한 곳에 정주한다. 해상과 내륙의 관문지인 영암에는 청동기 공방을 배치하여 수로을 이용한 원료의 공급과 청동기의 생산과 유통을 관장하는 청동기 생산거점지를 조성함으로써 정치적·경제적으로 영산강유역과 주변지역을 리드해 가고자 한 것으로 추정된다. 영암에서는 C형으로 추정되는 용범과 숭실대소장품과 소창 수습품이 확인되고, 영암 지역에도 군장의 정치체가 존재하였을 가능성이 높다.

　그렇다면 청동기부장묘의 군장집단과 토착의 지석묘의 족장집단과의 관계는 어떠했을까? 과연 토착의 족장사회는 돌연히 등장한 군장사회의 이데올로기를 순순히 수용하였을까? 이는 군장집단이 정착한 곳의 지석묘의 밀집도와 지석묘에 부장된 청동기의 수, 군장묘의 수등이 두 세력 간의 관계를 암시해 준다. 청동기부장묘는 영산강유역 내에서 지석묘의 밀집도가 낮은 지석천권(화순 대곡리)과 서해도서권(함평 초포리)에 분포하고, 지석묘에 부장된 청동기는 동검 1점 정도로만 한정되며, 청동기를 부장한 지석묘도 영암 장천리, 나주 운곡동 등으로 한정적이다. 지석묘에서 청동기가 출토된 지역은 영산강유역 내에서 지석묘의 밀집도가 높은 곳으로 청동기는 군장집단과 토착의 족장집단간의 상호작용의 매개물로써의 상징성을 갖는 것으로 볼 수 있다.

　동검이 부장된 나주 운곡동 다군-1호 지석묘가 조성되기 전 동일범위의 라군-1호 지석묘에는 비파형동검을 모방한 석검이 부장되었는데, 이는 청동기문화에 대한 동경을 담고 있는 것으로 볼 수 있다. 청동기로 대표되는 군장사회는 청동기를 매개로 한 동일한 정치적 종교적 이데올로기가 확산되면서 이를 보유한 정치체 혹은 소국의 수장 간에 동질적 유대

의식을 갖게 되고, 그것이 초기 마한이 확산하게 되는 토대로 작용하였을 것이다[15].

하지만 지향점이 다른 두 집단의 이해는 서로 상충될 수 밖에 없는데, 군장집단은 청동기를 토착의 유력 족장집단에게 선물함으로써 토착의 지석묘사회에 위세와 영도력을 행사하려는 의도가 있었을 것이고, 반면, 토착세력은 동검으로 드러나는 수장의 위세는 받아들였지만 군장권력의 영도력에는 거부감을 가졌던 것으로 추정된다. 이것은 동검을 수용한 토착집단의 족장이 검이 갖는 정도의 전통적 위세만을 원하였고, 지석묘 집단들이 상대적으로 크게 두드러지는 위세나 권력을 가진 실력자의 등장을 인정하지 않는 상황을 반영하는 것으로 이해된다[16]. 이러한 양상은 토착집단이 지석묘를 기반으로 한 족장사회의 전통을 유지하고자 하는 이데올로기를 보여주는 것으로 이해되며, 이러한 토착집단의 이데올로기는 청동기문화를 기반으로 한 군장세력의 확장성을 저해하는 요인으로 작용하였을 것이다.

나주 운곡동 지석묘 다-1호에서는 동검편과 함께 당대 최고의 관리물품인 철제공구(철착)가 부장되는데, 만경강유역을 통한 서북한지역과의 상호작용으로 추정되며, 지석묘사회의 협업체제와 공동체의 결속 등에 적극적으로 활용한 것으로 보인다. 반면 함평 초포리집단이나 화순 대곡리집단, 화순 백암리집단은 철기를 보유하지 못하지만, 이 시기 북부구주에 유입된 청동기문화는 영산강유역과 관련된 것으로 보인다. 북부구중의 청동기문화는 서남한지역과의 교섭의 결과로 유입된 것으로 보고 있

---

15) 이청규, 2018, 「유력개인묘의 변천과 삼한 초기 사회의 형성」, 『2018 영산강유역 마한 문화 재조명 국제학술대회』, 전남문화재연구소, 9~22쪽.
16) 이청규, 2016, 「청동기 보급의 주체와 지석묘 축조 집단」, 『백산학보』제106호, 백산학회, ~쪽.

으며[17], 납동위원소 분석결과 야요이전기에서 후기까지 지속적으로 한국산 재료와 중국 북부산 재료가 원료로 사용되었다[18].

즉 영산강유역에서는 기원전 2세기경 청동기로 대표되는 '국' 시스템을 갖춘 정치체의 등장은 토착의 정치체를 자극하여서 주변지역과의 교섭 능력을 향상시키므로써 지석묘로 대표되는 '국'으로 성장하게 한 것으로 추정된다. 규모와 체제가 다른 '국(國)'이 함께 존재하였고, 그 수준은 초기 단계의 '국(國)' 정도로 이해되며, 모든 정치체가 이 수준에 이르지는 않았을 것이다.

위만조선 패망과 한군현의 설치와 더불어 영산강유역에서는 초기 단계의 '국(國)'이 위축되는데, 서남한지역의 공통적 현상이다. 반면, 동남한지역의 대구 신천동, 경주 입실리와 죽동리 등에서는 차상급 청동기부장묘가 등장하는데 만경강유역의 완주 신풍 54호의 사례를 통하여 서남한지역에서 전이된 것임을 알 수 있다. 이를 통해서 곧 진한 소국의 형성에 마한과의 모종관계가 있음을 짐작할 수 있다[19]. 위만조선 패망을 전후한 시기부터 최상급 유력개인묘는 확인되지 않으며, 이러한 상황은 기원후 2세기경까지 지속되어 영산강유역을 비롯한 서남한지역 정치체의 성장을 위축·해체시킴을 알 수 있다. 한군현 설치 직후 영산강유역에서는 군현과의 관계를 상정할 만한 자료도 현재까지는 없다.

---

17) 이청규, 1997, 「영남지방 청동기문화의 전개」, 『영남고고학보』21, 29~78쪽.
   井上主稅, 2006, 「영남지방 출토 왜계유물로 본 한일교섭」, 경북대학교대학원 박사학위논문. 185~191쪽.
   김진영, 2018, 「영산강유역 철기 수용과 배경」, 『호남고고학보 제59집』, 호남고고학회, 126~142쪽.
18) 노제현, 2007, 『납동위원소비 분석법을 통해서 본 일본 중부큐수와 한국 청동기문화의 비교 연구』, 한양대학교대학원 석사학위논문.
19) 이청규, 2018, 「유력개인묘의 변천과 삼한 초기 사회의 형성」, 『2018 영산강유역 마한 문화 재조명 국제학술대회』, 전남문화재연구소, 9~22쪽.

위만조선의 패망과 관련하여서는 삼각형점토대토기문화를 통해 철기문화의 유입이 뚜렷하게 확인되며, 자료의 성격으로 보아 기층민이나 공인집단으로 보인다. 삼각형점토대토기의 분포는 영산강유역 내 곳곳에서 확인되지만, 광주 신창동유적과 해남 군곡리유적에서는 일시에 대규모로 유입되는데, 철기문화를 경험한 주민들이 이동으로 볼 수 있다. 광주 신창동유적의 삼각형점토대토기는 영산강유역 내에서 가장 이른 형식이고, 해남 군곡리의 삼각형점토대토기에서는 손누름흔 등 재지화된 모습이 확인된다. 삼각형점토대토기의 분포양상은 광주 신창동이나 해남 군곡리의 사례처럼 거점을 이룬 형태와 토착의 송국리집단 내로 들어간 형태, 소규모의 단위집단을 이루는 형태로 확인되며, 대규모 기층인구의 이동은 영산강유역 토착사회를 변화시키는 주요인으로 작용하게 된다.

대규모 인구 이동을 수반한 철기문화의 유입은 토착사회 내에 빠르게 수용되는데, 주거지 구조, 토기의 변화 등이며, 광주 평동취락이 대표적 사례이다. 이 같이 실생활과 관련된 부분에서는 선진물질문화가 지닌 생활의 편리성과 용이성 때문에 토착사회 전반에 빠르게 수용될 수 있었고, 토착문화를 계승하면서 신문화를 수용하는 경계적 양상들이 무덤, 주거지, 토기 등에서 확인된다. 이는 새로운 지역성을 형성해가는 과정으로 이해되는 바, 다양한 정치체의 상호작용에 따른 결과물이라고 설명할 수 있다. 이러한 경계적 양상들은 물질문화 뿐 아니라 이데올로기적 측면에서도 관찰되는데 분묘에서 수장의 모습을 확인하기 어렵다는 것이다.

이 시기 분묘로 드러나는 집단의 정체성은 지석묘, 옹관묘, 토광묘, 주구토광묘 등으로 다양하고, 여전히 지석묘가 조성되고 있지만, 지석묘의 특징은 사라지고 상석으로 표출되는 상징성만 존재하며, 토광묘계 요소를 수용하는 매장시설이 확인되는 바, 정체성이 다른 집단과의 긴밀한 상호작용의 결과로 설명할 수 있다. 보수성이 강한 분묘의 결합과 지석묘가 소멸해가는 양상은 토착의 지석묘세력이 능동적으로 사회변화에 대응해가는 모습으로 지석묘로 표출되는 족장사회의 이데올로기가 해체되어가는 과정으로 이해된다.

위축되었던 수장묘는 기원전 1세기 중·후반경이 되면 청동기와 함께 발달한 철기를 다양하게 부장한 유력개인묘가 등장하는데, 나주 구기촌 토광묘군이다. 또 영광 군동에 주구토광묘가 새롭게 등장하고, 광주 수문, 광주 신창동, 광주 장자, 장성 월정리 등에 토광묘, 옹관묘 등 다양한 분묘들이 곳곳에서 확인되는데 다양한 정체성을 지닌 새로운 단위 정치체들의 등장을 짐작케 한다.

기원전 1세기 후반경이 되면 광주 신창동과 해남 군곡리에서 유리관옥, 복골, 오수전, 철경부동촉, 낙랑계토기 등 한문물이 확인되고, 변·진한에서 제작된 철기가 광주 신창동, 해남 군곡리, 나주 구기촌 등에서 출토된다. 동시기 낙랑군과의 관계에서 변·진한이나 왜에서는 조공교역과 관련되는 한경이나 거마구와 같은 위세품이 출토되고, 상급유물의 출토량도 많은데 비해 영산강유역에서는 소수의 제품만이 출토되어 직접적인 상호작용을 통한 교류관계를 상정하기는 어렵다. 광주 신창동과 해남 군곡리 등 거점유적에서 출토되는 야요이계토기는 선진문물에 대한 갈망으로 한군현과의 적극적 교류를 시도하는 과정에서 유입된다. 이러한 한문물의 유입은 당시 침체된 수장세력에게 필요하였던 위세품을 낙랑군에서 수입할 수 있는 활로를 만들어준다. 당시 낙랑군과의 관계는 대내적 입지 확립에 중요한 역할을 하며, 수장세력성장과 맞물린다. 이에 광주 신창동집단과 해남 군곡리집단은 대외적 관계를 이용해 대내적 입지를 확립해 가고, 중심정치체로 성장하는 기반을 마련한다[20].

---

20) 김진영 2018, 「서남해안지역 철기문화 유입과 마한 정치체의 출현과정」, 『전남지역 고대문화의 양상과 교류』, 진인진, 102~133쪽.

군곡리는 영산강유역을 대표하는 '관문사회'로의 기능을 하고, 신창동 세력은 대외교류를 통해 주도권을 확보하고자 기원후 1세기경 수로교통이 용이한 광주 복룡동유적군(평동, 복룡동일대)으로 이동하여 정치체를 성장시켜 간다. 특히 비단끈으로 묶인 50점의 화천꾸러미를 부장한 토광묘는 경제적 성장과 이를 뒷받침해 주는 정치체 존재가 상정되며, 복룡동유적군은 주거지, 수혈 등의 수가 증가하는데 인구가 집중되면서 나타나는 현상이며, 국읍 단위의 정치체가 추정된다.

지역정치체에 의해 낙랑군현과의 교류가 본격적으로 이루어지고 교류를 통해 내부적으로 수장권력을 재편하여서 잔존하던 족장사회와 청동기문화의 전통을 소멸시키고 철기문화를 바탕으로 한 새로운 이데올로기로 전환해 간다. 영산강유역의 재지세력들은 위세품을 통해 서로간의 상호작용의 관계망을 형성하고, 위세품의 공급은 집단 간 더 넓게는 지역간 상호작용을 긴밀하게 하고 정치적 · 경제적 · 사회적으로 많은 변화를 가져오게 한다.

기원후 2세기 후반경이 되면, 영산강유역 전역에 주구토광묘, 부뚜막이 설치된 소위 마한계주거지, 타날문토기 등이 확산되어 동일한 물질문화를 기반으로 할 만큼 내적 성장을 이루었음을 알 수 있다. 이를 소국의 형성으로 보아도 무방할 것이다.

VI. 결론

고고학적 자료에 따르면 영산강유역에서 정치체의 등장은 지석묘단계부터이며, 공동협업체제를 중시하는 수장이 이끄는 족장사회로 비정된다. 기원전 4~3세기 하위급의 청동기부장묘가 영산강유역에 처음으로 등장하고, 기원전 2세기 최상급의 청동기부장묘는 군장의 출현을 알린다. 중서부지역에서 분기된 청동기로 대표되는 '국'의 출현으로 이는 지석묘로 대표되는 토착의 정치체를 자극하여서 성장시키는데, 지석묘로 대표되는 '국' 으로의 변화를 가져온다. 이는 규모와 체제가 다른 '국(國)'이 함께 존재하였고, 그 수준은 초기 단계의 '국(國)'정도로 이해된다.

　위만조선 패망과 더불어 철기문화가 본격적으로 유입되면서 최상급의 묘는 확인되지 않지만, 영산강유역 내 다양한 집단의 정체성이 확인되고, 주거지, 토기, 분묘 등에서 서로 상호작용하는 경계적 양상들이 확인되고, 한물물과 변·진한계 철기 등은 수장사회를 재편시키는데 활용된다. 이는 영산강유역의 정체성과 독자성을 확립시켜가는 과정적 모습이며, 이 과정에서 중심적 역할을 하는 정치체가 부상하는데 광주 복룡동 유적군이며, 이를 소국으로 이해할 수 있을 것이다. 물론 두드러진 최상위급의 정치체를 비정할만한 무덤자료는 현재까지는 부족하지만, 여러 중·하위급의 집단이 지속적으로 존속하면서 상호작용한 관계망이 확인되고, 기원후 2세기 후반경에는 영산강유역의 정체성과 독자성을 유지하는 새로운 지역성으로 재편된다. 이후에도 이들 정치체가 지속적으로 상호관계를 맺고 성장하여서 영산강유역만의 독자적인 고분문화를 형성한 것이다. 굳이 백제, 고구려, 신라와 같은 고대국가로 성장한 '국'의 모습을 찾기보다는 시대적 상황에 대응하면서 정체성을 유지하게 가는 정치체로 보는 것이 무리가 없을 것이다. 영산강유역에서는 기원전 2세기경 '국'이 출현하였고, '국'의 성장과정이 확인되는바, 고고학적 성과를 통해 문헌에 기록된 마한 소국의 역사적 실체를 밝혀야할 것이다.

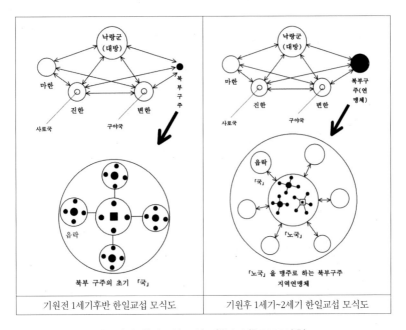

| 기원전 1세기후반 한일교섭 모식도 | 기원후 1세기~2세기 한일교섭 모식도 |

〈그림 3〉 한일교섭 모식도(井上主稅 2007인용)

【참고문헌】

김진영, 2018,『영산강유역 철기시대 문화 연구』, 영남대학교대학원 박사학위논문.

김진영, 2018,「영산강유역 철기 수용과 배경」,『호남고고학보』59집, 126~141쪽.

박선미, 2013,「고고학 자료로 본 위만조선의 문화 성격」,『동아시아의 철기문화와 고조선』, 학연문화사.

이은창, 1968,「대전괴정동 청동기문화의 연구」,『아세아연구』30, 고려대아세아문제연구소.

이영문, 1993,『전남지방 지석묘사회의 연구』, 한국교원대학교대학원 박사학위논문.

이영문, 2002,『한국 지석묘 사회 연구』, 학연문화사.

이성주, 1996,「청동기시대 동아시아세계체제와 한반도의 문화변동」,『한국상고사학보』23, 7~78쪽.

이성주, 2017,「지석묘의 축조중단과 초기철기시대」,『대구·경북의 지석묘문화』, 영남문화재연구원, 129~154쪽.

사회과학원 역사연구소편, 1991,『조선전사 2-고대편』.

이현혜, 1982,『삼한사회 형성과정 연구』, 일조각.

김종일, 1994,「한국 중서부지역 청동유적유물의 분포와 제의권」,『한국사론』31, 서울대국사학과.

이동희, 2017,「영산강유역 마한 초현기의 분묘와 정치체의 형성」,『호남고고학보』57집.

이청규, 2000,「'국'의 형성과 다뉴경부장묘」,『선사와 고대』14, 한국고대학회.

이청규, 2010,「다뉴경 형식의 변천과 분포」,『한국상고사학보』67, 한국상고사학회.

이청규, 2015,『다뉴경과 고조선』, 단국대학교출판부.

이청규, 2016,「청동기 보급의 주체와 지석묘 축조 집단」,『백산학보』제106호, 백산학회.

조진선, 2005,『세형동검문화의 연구』, 학연문화사.

조현종·은하수, 2005,「화순 백암리유적 조사보고」,『고고학지』14집.

최몽룡·최성락 편저, 1997,『한국고대국가형성론』, 서울대학교출판부.

한수영, 2017,「완주 신풍유적을 중심으로 본 초기철기문화의 전개양상」,『호남고고학보』56집, 4~23쪽.

井上主稅, 2007,『영남지방 출토 외계유물로 본 한일교섭』, 경북대학교대학원 박사학위논문.

전남문화재연구소, 2018,「마한과 낙랑·대방 그리고 고조선」.

전남문화재연구소, 2018,『전남지역 고대문화의 양상과 교류』, 진인진.

국립광주박물관, 1988,『함평 초포리유적』.

국립광주박물관, 1997~2011,『광주 신창동 저습지 유적Ⅰ~Ⅵ』.

국립광주박물관, 2013,『화순 대곡리 유적』.

목포대학교박물관, 1984,『영암 청룡리·장천리 지석묘군』.

전남대학교박물관, 2002,『광주 매월동 동산 지석묘군』.

(재)동북아지석묘연구소, 2013,『영암 엄길리 서엄길 지석묘군』.

(재)마한문화연구원, 2008,『나주 운곡동유적Ⅰ』.

(재)마한문화연구원, 2014,『나주 월양리유적』.

(재)호남문화재연구원, 2005,『완주 갈동유적』.

(재)호남문화재연구원, 2009,『완주 갈동유적(Ⅱ)』.

(재)호남문화재연구원, 2014,『완주 신풍유적』.

(재)전남문화재연구원, 2016,『나주 구기촌·덕곡유적』.

영산강유역 고분으로 본 수장세력

이정호 (동신대학교)

I. 머리말

영산강유역은 기원전2세기부터 기원후 7세기까지 토광묘, 옹관묘, 주구토광묘, 대형옹관고분, 그리고 횡혈식석실분과 전방후원형고분, 사비식석실분 등 다양한 묘제가 존재한다. 고분은 시간적인 흐름을 가지고 변천하거나 출현과 소멸을 거치면서 독특한 고분문화를 이루었다.

영산강유역은 철기시대부터 4세기까지 청동기문화를 기반으로 철기문화를 도입하면서 마한 수장세력이 등장하였고, 제형무덤과 토광목관(곽)묘 및 옹관묘를 창출하였다. 5세기부터 6세기 전엽까지는 석곽묘, 대형옹관고분, 횡혈식석실묘, 전방후원형고분 등 고총고분이 확대·축조되었고 금동관과 금동신발 및 장식대도, 원통형토기 등 백제, 대가야, 일본열도 등 다양한 계통의 문물이 부장되었다. 6세기 중엽부터 영산강유역에서 고총고분 축조가 줄어들고 백제 사비기에 유행한 사비식석실이 내륙과 서남해 도서지역 등 전남지역 전역으로 확산되었다.

이러한 무덤유적과 고분을 비롯하여 주거지와 마을유적 등 다양한 유적이 조사되어 연구자료가 증가하고 있으나, 당시 세력에 대한 기록이 전무한 탓에 고대 세력의 실상을 복원하기에 한계가 있다는 점은 주지의 사실이다.

이 발표문은 영산강유역과 서남해안지역의 수장무덤 및 고분을 대상으로 시기별 분포양태와 변화상, 부장품의 내용을 검토하면서, 부분적이나마 드러낼 수 있는 고대 수장세력의 면모에 대해 간략히 제시해 보고자 한다.

II. 마한의 수장무덤

1. 토광묘

전남지역 철기시대 유적은 토광묘와 옹관묘가 있다. 토광묘는 영광 군동 4호토광묘를 비롯하여 나주 도민동유적, 나주 월양리유적, 나주 구기촌유적 등에서 확인되었다.[1] 영광 군동 18호묘는 후대에 축조되는 고분에 있어서 주구의 초기형에 해당하는 무덤이다(최성락 2018). 한편 이러한 주구의 등장은 광주 외촌유적이나(호남문화재연구원 2005) 곡성 대평리유적의 석개토광묘(영해문화유산연구원 2012)에서 확인되기 때문에 청동기시대 후기~철기시대 초기부터 계통적으로 이어질 가능성도 배제할 수 없다.

마한의 수장급 무덤으로 확인된 나주 덕산리 구기촌유적에서는 집단토광묘 10기가 조사되었다(전남문화재연구원 2016). 전남지역에서 유례가 없는 청동기와 철기를 갖춘 무덤군이다. 관의 모양은 목판을 조립한 것과 통나무를 파내어 바닥과 뚜껑을 만든 후 맞대어 조립한 것의 두 종류가 확인되었다. 그 중 최고 수장묘로 보이는 9호묘에서는 검파두식, 우각형동기, 검초부속구, 칠기그릇장식청동테두리 등이 부장되었다.

---

1) 토광묘는 목관이나 목곽을 사용하였을 것이라는 추측은 가능하지만, 목재가 부식되어 소멸된 까닭에 확실한 자료를 검출하기 어렵다. 따라서 지면에 구덩이를 파서 구축한 무덤이란 의미로 토광묘라는 용어를 사용하고 있다. 그러나 근래 나주 구기촌유적에서 철기시대 토광묘가 다수 확인되었고, 그 내부에서 목관의 흔적이 비교적 뚜렷하게 확인되었다. 또한 구기촌유적보다 1세기경 이른 시기인 화순 대곡리유적의 재조사결과, 목관이 확인됨에 따라 이미 철기시대에는 목관묘 사용이 일반화되었다고 보인다. 그런 점에서 향후 철기시대 토광묘에 대한 용어의 개념정립이 필요할 것이다.

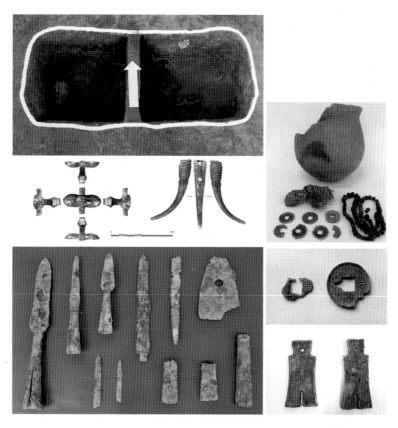

〈그림 1〉 나주 구기촌유적 수장무덤(좌상)과 검파두식(좌중) 및 철기류(좌하), 광주 복룡동 토기와 화천(우상), 나주 랑동유적 화천(우중), 장흥 건산리출토 대포황천(우하)

　검파두식은 원래 청동기시대의 비파형동검이나 세형동검 등을 장식하던 것인데, 이 유적에서는 철검을 장식하고 있어서 청동기에서 철기로 이행되는 중간과정을 보여주고 있다. 우각형동기는 작은 손칼을 끼워 사용하던 손잡이거나 장신구로 추정되는데, 변한지역 수장묘인 영남지역의 창원 다호리유적을 비롯하여 상주 낙동리, 대구 비산동, 대구 지산동에서 출토된 것이라 알려진 것이 있으며, 한·일 항로상의 경유지인 쓰시마섬

(對馬島)에서도 출토된 청동기이다. 중국에서는 보다 이른 시기의 전국 말~전한 초기 윈난성 리지아산유적 1호분(雲南省 李家山遺蹟 1號墓)에서도 출토된 바 있다. 함께 출토된 칠기그릇장식청동테두리는 서북한지역 낙랑고지에서 출토된 바 있다(전남문화재연구원 2016).

이외에도 구기촌유적에서는 각 무덤에서 새로이 등장한 철기류 12점 출토되었는데, 철검 3점, 철모 3점, 철부 3점, 철사 2점, 괭이형철기 1점 등이 있다. 이러한 유물조합과 형식은 유적조사가 진전된 영남지역에서 종종 찾아볼 수 있으며, 특히 괭이형철기는 중국 전국시대부터 한대에 걸친 시기에 중국 랴오닝성 푸순시 연화보유적(遼寧省 抚順市 蓮花保遺蹟), 랴오양시 산다오하오유적(遼陽市 三道壕遺蹟) 등 출토품과 유사한 특징을 보인다(김진영 2018). 낙랑고지 출토품과도 연관되기 때문에 영산강유역에 서북한지역을 경유한 중국계 문물이 유입되고 있었음을 시사한다. 한편 이러한 철기가 청동기시대 무문토기의 전통을 잇는 삼각형점토대토기와 흑도장경호, 호형토기 등과 함께 부장된 점으로 보아, 청동기문화를 기반으로 한 재지 수장세력이 철기문화를 수용하면서 성장하고 있었음을 알 수 있다.

이 시기 중국계 문물로서 화천을 비롯한 중국화폐를 들 수 있다. 영산강유역에서 출토된 화천은 해남 군곡리패총 1점(목포대학교박물관 1987), 나주 복암리 랑동유적 2점(전남문화재연구원 2006) 등 소량이 산발적으로 출토된 바 있으나, 광주 복룡동유적에서는 50여점의 꾸러미가 출토되었으며(동북아지석묘연구소 2018), 장흥 건산리에서는 한반도에서는 희귀한 대포황천 2점이 경질무문토기 등과 함께 출토되어[2] 중국화

---

2) 장강뉴스 2018년11월12일(월), "보성~장흥간 철도개설구간 공사 중, 장흥에서 처음 마한시대 유물 발굴" 기사 http://www.jgynews.com/news/articleView. html?idxno=8514

폐의 유입이 예상보다 활발했던 것으로 보인다.[3]

2. 목관(곽)묘와 옹관묘

삼국시대 초기의 옹관은 일상용 토기의 모습을 많이 남기고 있으며 주로 목관(곽)묘가 입지한 분구 중심에서 벗어난 분구 사면이나 주구에 배장되었다. 이 시기의 옹관묘는 간혹 옹을 곧바로 세운 입식옹관이 확인되기도 하는데, 옹관고분이 정착되어 가는 단계에서 나타난 변이로 보인다. 초기의 옹관은 나주 용호고분군(호남문화재연구원 2003), 나주 복암리고분군 최하층 옹관, 나주 횡산고분 옹관묘 등이 이 시기에 해당하며, 함평 만가촌고분군, 영광 군동고분군, 영암 금계리고분군 등지에서도 확인되었다.

4세기 전·중엽경에는 옹관이 일상용 토기의 모습에서 탈피한다. 옹관의 잘록한 목은 보다 완만해지고 돌기기모양의 저부도 낮아진다. 이 시기의 옹관 내부에는 토기 2~3점과 작은 손칼 등 철기 소량을 부장하는 것이 특징이다. 4세기 후엽을 지나면서 목의 굴곡과 저부 돌기가 퇴화되어 U자형에 가까운 옹관으로 완성되며 원형 또는 제형고분의 중심 매장주체부로 운용되기 시작한다.

목관고분은 제형 주구를 가지고, 그 중심에 다수의 목관(곽)이 매장되어 다장을 이룬다. 함평 만가촌 13호분(전남대학교 박물관 2004) 등은 목관을 추가로 안치하기 위해 분구를 확장하였으며, 일부는 옹관도 함께 매장하는 경우도 있다. 매장주체부가 대부분 목곽이 아닌 목관이며, 분포범

---

3) 당시 영산강유역에서 중국 화폐가 유통경제의 매개체로서 운용되지는 않았을 것이다. 아마도 희귀성 때문에 소유자의 위상을 표현하는 위신재로서의 성격이 강했을 것이다.

위는 옹관고분의 분포범위보다도 넓다. 영산강 중·하류에 자리잡았던 옹관고분에 비하여 목관고분은 영산강유역 전체와 서해안과 남해안유적, 탐진강유역 등 전남 서부지역에 폭 넓게 분포하고 있다. (최성락 2013).

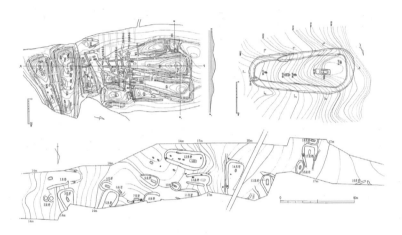

〈그림 2〉 함평 만가촌고분(상좌), 나주 용호고분(하) 및 용호고분 12호분(우상)

Ⅲ. 5·6세기의 수장고분

1. 석곽묘

영암 시종·나주 반남지역을 중심으로 옹관고분이 강화되던 5세기 전·중엽경, 그 주변지역과 서남해안지역에서는 석곽묘가 등장한다. 석곽묘는 내륙지역에 담양 서옥고분, 영암 장동리 방대형분, 나주 가흥리 신흥고분이 있으며 서남해안지역에 고흥 안동고분, 야막고분, 신안 배널리고분, 무안 신기고분, 해남 분토리고분, 외도고분, 신월리고분, 만의총고분 등이 있다(국립광주박물관 2001, 호남문화재연구원 2006, 전남문화재연구원 2008, 목포대학교 박물관 2010 · 2011, 전남대학교박물관 2011, 국립나주문화재연구소 2014a · 2014b, 대한문화재연구원 2015, 동신대학교 문화박물관 2014 · 2016).

이 시기에 등장하는 석곽묘는 크게 3유형으로 분류된다.

1유형은 일본열도의 왜계요소가 강한 고분으로 고흥 안동고분, 야막고분, 신안 배널리고분, 해남 외도고분이 있다. 5세기 전 · 중엽에 해당하며, 석곽구조, 토기를 배제한 장법, 갑주를 비롯한 철기류와 청동경 및 철경, 활석제 장신구 등에서 왜계 특징이 강하게 보인다. 이들 고분은 모두 서남해 바닷가에 인접한 곳에 입지하며, 해남 배널리고분이나 외도고분의 경우 사람이 거주하기 힘든 해안가에 위치하고 있다. 1유형은 신라 · 가야지역까지 진출한 5세기 초두의 고구려 군사적 동향에 대응하여 백제가 해안지역에서 운용하였던 중 · 소규모 왜계 군사집단으로 보인다(이정호 2014).

2유형은 영암 장동리 방대형분은 수혈계횡구식석실구조와 갑주를 부장하는 등의 왜계요소가 있지만, 가야계 부장품도 보이며, 토기를 부장하는 등 재지계의 장법인 고분이다. 나주 가흥리 신흥고분은 수혈계횡구식석실구조와 스에키(須惠器)계 유공광구소호가 왜계 요소로 보이지만, 토기를 부장하고 있으며, 추가장 과정에서 재지의 조형토기를 부장한 점에서 재지적 성격을 강하게 보여주고 있다. 이들 고분은 왜계 무덤양식을 도입한 재지고분으로 볼 수 있는데, 5세기 중엽 백제-마한-가야-일본열도로 이어지는 서남해안 교통로를 통해, 이전에 비해 훨씬 활발한 통교 중 영산강유역에 도입된 재지 수장세력의 고분으로 보인다.

3유형은 담양 서옥고분과 해남 신월리고분, 무안 신기고분, 해남 만의총고분이 있다. 담양 서옥고분은 매장주체부가 석곽인 점에서 재지요소

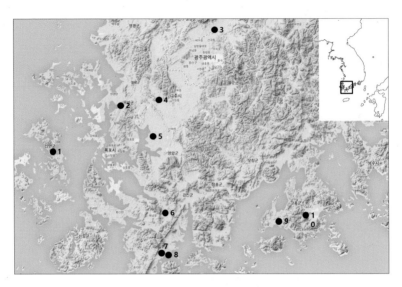

〈그림 3〉 5세기대 석곽묘 분포도(1-신안 배널리고분 2-무안 신기고분 3-담양 서옥
고분 4-나주 신흥고분 5-영암 장동리 방대형고분 6-해남 만의총고분 7-신월리고분
8-외도고분 9-고흥 야막고분 10-고흥 안동고분)

로 볼 수 없지만, 뚜렷한 주구를 갖춘 점, 분구상에 매장주체부가 위치한
점 등은 재지의 장법이 드러난다. 다만, 2호분 2호석곽의 직구호는 백제토
기로 보아 무리가 없으며, 2호분 주구 출토 장경호 2점은 호남 동부지역의
가야요소와 관련성이 지어지는 토기이다. 해남 신월리고분 즙석시설인 석
곽구조는 왜계 요소이지만 재지계 토기아 함께 신라(또는 가야)와 관련되
는 반(盤)이 부착된 철모가 부장하였고 토기를 부장하는 재지의 장법을 보
이는 고분이다.[4] 이처럼 다양한 계통의 부장품이 확인된 곳으로 해남 만

---

4) 신월리고분의 연대에 대해서 보고자는 5세기 전반~중반으로 편년하고 있지만, 원
   형돌기를 장식한 장경소호, 토기호의 어깨부분의 타날문을 지우고 어깨선 아래에
   만 남긴 점, 즙석시설 내부에서 확인된 조족문토기편의 존재, 개배의 높이가 낮은
   점 등으로 보아 5세기 후엽~6세기 전엽으로 볼 수 있다.

의총고분도 손꼽히는 유적이다. 만의총고분은 매장주체부가 석곽이며 동경과 장경촉 등 왜계유물도 보이지만, 토기호, 개배 등 재지계 토기, 신라(또는 가야)계 서수형토기, 은제금모곡옥 등 백제계 부장품이 함께 부장되는 복합적인 양상을 보인다. 이들 고분은 5세기 후엽~6세기 전엽, 영산강유역 및 서남해연안 지역에서 확산되던 횡혈식석실 및 전방후원형고분 축조와 동일한 맥락으로 축조된 무덤양식이며, 외래양식과 재지의 매장의례가 융합된 중소규모의 지역수장세력 고분으로 보인다.

2. 고분으로 본 수장세력의 권력체제

5세기 후엽~6세기 전엽에는 옹관묘가 탁월한 규모의 분구를 갖춘 고분으로 발전하였다. 또한 옹관의 규모가 합구 길이 300cm를 넘는 대형옹관이 등장한다. 또한 고분형태는 나주 반남 등 중심지의 유력 고분의 경우, 원형 또는 방대형으로 규격화되었다. 그런데 기존의 제형분구는 평면적이 넓어 옹관이나 목관(곽)묘를 추가하여 안치하는데 여유로운 편이었으나 고분이 원형 또는 방대형으로 변화하면서 매장주체부를 정상부에 조밀하게 모일 수 밖에 없었으며, 필연적으로 매장주체부를 추가할 면적이 부족하게 된다. 이를 해소하기 위해 신촌리 9호분에서는 분구를 덧쌓아 매장주체부를 추가 안치했던 모습이 확인되었다(국립문화재연구소 2001).

계급사회가 고도화되면 고총고분도 극소수 권력자에 한정하여 축조되는 것이 일반적인 현상이지만, 고총고분이 절정을 이루었던 나주 반남고분은 사뭇 다른 양상을 보인다. 약간의 시차는 있지만 나주 복암리고분 3호분 96석실 내부 인골과 나주 영동리고분 2~4호 묘실 인골이 모계성이 있는 가족관계였다는 점을 고려한다면(김재현 2017), 다수의 매장주체부가 안치된 고분의 피장자는 가족구성원으로 이루어졌다고 보아도 무리는 없을 것이다. 이는 반남고분군이 고총고분으로 발전한 단계였지만, 유력수장의 권력독점은 한계가 있었음을 암시한다.

반남고분군을 고총고분 중심으로 분류해 보면 덕산리 3호분 군집, 신촌리 9호분 군집, 대안리 9호분 군집 등 3개 군집으로 나뉘며, 각 군집은 5~8기의 고분으로 이루어져 있다. 반남고분군의 존속기간을 5세기 후엽~6세기 중엽까지 대략 100여년간이라는 것이 연구자들의 통설이다(최영주 2017). 한 세대를 30년으로 본다면 유력수장의 고분은 3기~4기가 된다. 고분 군집수와 고분 연대관에 따른 수장수가 크게 어긋나지 않기 때문에, 각 군집당 1인의 유력수장 고분이 존재한다는 가정을 해볼 수 있다.

유력수장의 고분으로 추정되는 고총고분의 매장주체부 수량을 살펴보면, 신촌리9호분에는 옹관 12기가 있으며, 덕산리3호분 정상부 도굴갱에서 옹관 3기 수습하였고 덕산리4호분에서는 옹관 2기가 확인되었다. 그리고 덕산리5호분은 수량을 알 수 없으나 정상부에 7개의 도굴갱을 있었다고 보고되었으며, 대안리9호분에는 옹관 9기가 확인되었다. 각각의 고총고분에는 최소 2기~12기의 옹관이 안치되어 있는데, 소수 옹관이 확인된 덕산리3·4호분도 발굴조사가 없었거나 극히 부분적인 발굴이었다고 보이므로 그 수량은 더 많을 것으로 추정된다. 덕산리3·4호분의 조사여부를 무시하더라도 각 군집당 옹관수를 헤아려보면 대략 10기 이상의 옹관이 안치되었다고 불 수 있다. 또한 여기서 산정한 수장급의 고총고분에서, 제외하였지만 신촌리 4·5·7·8호분, 덕산리 1·2·6호분, 대안리 5·7·89호분 등 동일묘역의 중소형고분을 감안한다면 그 수는 더욱 늘어날 것이다.

일단, 옹관 수량으로만 본다면 유력수장 1인의 가족구성원을 대략 10여명이 되며, 이는 상당한 규모의 대가족이 된다. 만약 수장의 혈연 내에서 계승되었다면, 예를 들어 1세대-2세대-3세대-4세대가 각각 별개로 10

여명의 가족구성을 꾸릴 수 있었을지 의문이다. 수치상으로는 각 세대의 가족구성원이 이탈되어야 하기 때문이다. 즉, 수장의 지위에 있는 생존하는 제1세대의 가족과 후계자인 제2세대의 가족을 별도로 분리해야 때문이다. 다수의 부인과 다수의 비후계자인 2세들을 상정한다면 완전히 불가능하다고는 할 수 없겠지만, 동일 묘역에 군집하고 있는 여러 기의 중소형고분까지 합산한다면, 상식적인 한계 이내에서는 성립하기 어렵다고 생각된다.

　만약 각 고총고분 그룹이 별도의 가계로 이루어졌다면 한결 이해하기 편해진다. 또한 각 고총고분 그룹이 묘역을 달리하며, 개별묘역을 형성하고 있다는 점에서도 이해되기 쉽다. 그렇다면 반남고분군의 수장권력은 혈연내 상속이 아니라 지역 내 유력 집안간의 권력이동이었다고 추정해 볼 수 있다.

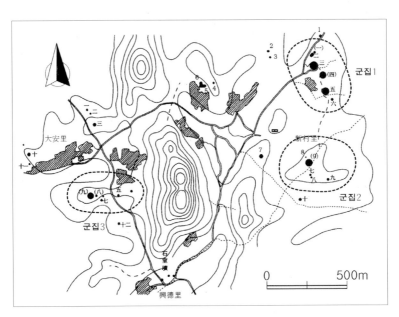

〈그림 4〉 나주 반남고분군 분포도

이러한 사례는 나주 복암리고분과 정촌고분의 관계에서도 추정 가능할 것이다. 복암리고분과 정촌고분은 큰 시차 없이 병행하면서 누대로 사용된 고분이다(국립문화재연구소 2001, 국립나주문화재연구소 2018). 잘 알려져 있다시피 복암리고분은 주인공 격인 96석실을 중심으로 분절없이 무덤방이 조영되고 있었으며, 정촌고분도 복암리고분보다는 소량이지만 96석실과 유사한 1호석실과 병행하는 옹관, 이후의 사비기석실까지 조영되었다. 두 고분은 별개의 묘역을 유지하고 있어서 가계가 다르다고 보아도 무리는 없을 것이다. 그리고 두 고분의 주인공 석실인 복암리고분 96석실과 정촌고분 1호석실에서는 최고위 위신재인 물고기장식금동신발과 용머리장식금동신발을 각각 부장하였다. 따라서 두 고분 사이에 수장권력이 이동하고 있었다는 가정도 가능할 것이다. 아직 추측에 기댄 이야기이지만, 고총고분의 위상에도 불구하고 궁극적으로는 가족구성원의 공동묘역이라는 점, 가계간 수장권력의 이동이 점쳐지는 점 등으로 보아 당시 사회는 한정된 수장체제를 유지하고 있었다고 보인다.

이러한 수장체제가 형성된 것은 내적요인이 아니라, 이전 시기부터 시행된 백제의 지방책에서 기인한 것이 아닐까 생각된다. 지방 유력세력의 성립을 방해하여 백제의 위협요인을 방지하고, 수장세력들을 각개로 회유하거나 통제하는 방식이 백제왕실 입장에서는 유리한 정책이었기 때문이다. 결국 이러한 수장체제로 인해 백제의 영향력이 약화되는 시기에도 구심점을 형성하지 못하였고, 고총고분은 통제받지 않고 각지에 확산되었다. 굳이 빌어 쓴다면, 영산강유역을 비롯한 서남부지역에 짧은 전국시대가 있었을 것이다.

3. 옹관고분의 매장의례와 수장세력

반남지역에 집중되던 옹관고분은 매장의례의 변화도 나타난다. 덕산리5호분의 꺾쇠와 철정, 덕산리4호분의 철정, 덕산리3호분의 철정과 꺾쇠, 덕산리8호분 병관의 꺾쇠가 매장의례 변화를 보여주는 일면이다. 꺾쇠와 철정은 목관을 가구하는데 사용된 것이다(국립광주박물관 1988). 영산강유역에서도 이른 시기부터 목관을 사용하였지만, 목재를 재단하여 짜 맞추는 결구법이었다. 반면 백제는 목관을 철정이나 꺾쇠를 이용하여 가구하는 기법이 다수 나타난다. 그런 점에서 철정과 꺾쇠 사용은 백제 매장의례의 도입이라고 볼 수 있다.

매장의례의 변화는 부장품 양상에서도 나타난다. 신촌리 9호분에서는 백제토기, 일본열도 하니와(埴輪)와 유사한 원통형토기가 매납되고, 신촌리9호분 을관의 금동관을 비롯한 금동신발 등 장신구류, 장식무기, 서역 계통의 유리상감옥이 부장되며, 신촌리9호분 경관에서는 동제 팔찌와 금제이식 등이 부장되었다. 또한 신촌리 6호분 무관에서는 금동이식, 덕산리4호분 을관에서는 금제이식과 청동팔찌, 대안리9호분에서는 금제이식, 대안리9호분에서는 금제이식과 수정유리곡옥, 덕산리8호분 을관에서는 장식이식과 팔찌, 병관에서는 금제이식, 절자옥 등 다종·다량의 유물이 부장되었다.

특히 신촌리9호분의 원통형토기는 분구 외형을 장식함으로써 시각효과를 통해 고분에 대한 경외감을 강화한다는 이점과 함께, 원통형토기를 제작·운반하는 과정, 즉 고분 축조공정을 추가함으로써 사회 구성원의 에너지를 끌어 당기는 효과를 얻게 되었다. 매장의례가 고대인들의 내세관을 충족시킨다는 점은 부인할 수 없지만, 과거와 달리 많은 노동력을 요구하는 고총고분 축조 행위, 그리고 이에 부가되어 행해지는 매장의례는 사회적 관심과 이목을 경화시키는 정치 수단이었으며 그 이면에는 수장권력의 의지가 강하게 작용하였을 것이다.

그런 점에서 일차적인 시신 보호책이며 재지 전통에 따른 옹관을 사용하고 있음에도 불구하고, 못으로 가구한 목관을 추가하는 비효율적인 행위, 그리고 전에 없는 다종·다양한 문물을 부장하는 행위를 단순히 매장관념의 변화나 문물의 유입이라기보다 백제라는 강력한 정치권력을 비롯한 주변세력의 유·무형적 요소를 내부 정치에 활용하기 위한 적극적인 수단이었을 것이다.

4. 횡혈식석실과 전방후원형고분의 등장

나주 반남을 중심으로 옹관고분이 조영되던 5세기 후엽~6세기 전엽, 주변지역에서는 옹관이 점차 쇠퇴하고 일본 북부큐슈지역 석실분과 유사한 전기 횡혈식석실과 전방후원형고분이 영암 태간리 자라봉, 광주 명화동, 광주 월계동, 장성 영천리, 함평 마산리 표산, 함평 예덕리 신덕고분, 영광 월산리, 고창 칠암리 고분 등지에서 급속히 확산된다(대한문화재연구원 2014), 전남대학교박물관 1990·2003). 원형 또는 방대형 분구 내부에 전기 횡혈식석실이 축조되거나 또는 전방후원형의 분구와 전기 횡혈식석실이 조합된 고분은 영산강유역 및 서남해안을 따라 전북 고창지역까지 나타난다.

이 시기에는 전기 횡혈식석실 뿐만 아니라 나주 복암리3호분 1, 2호 석실, 나주 송제리, 강진 수양리, 장흥 송정고분군, 영광 학정리고분, 고창 봉덕리고분 등 백제계 횡혈식석실도 확인되는데, 분구의 형태는 방형과 원형을 이루고 있다. 전기 횡혈식석실 및 전방후원형고분과 백제식 횡혈식석실과 계통은 전혀 다르지만, 내륙지역과 해안지역을 불문하고 이 시

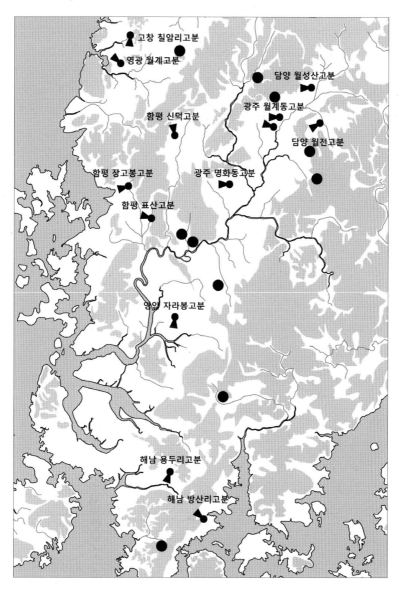

고창 칠암리고분

영광 월계고분

담양 월성산고분

함평 신덕고분

광주 월계동고분

담양 월전고분

함평 장고봉고분

광주 명화동고분

함평 표산고분

영암 자라봉고분

해남 용두리고분

해남 방산리고분

〈그림 5〉 전기 횡혈식석실과 전방후원형고분의 분포(최성락 2013에서)

기에 급속하게 축조되고 있다는 점을 본다면, 이를 증폭시켰던 특수한 역사적 맥락이 있었을 것이다.

전기 횡혈식석실 및 전방후원형고분, 백제식 횡혈식석실은 각 양식별 계통을 달리하기 때문에 그 피장자의 성격에 대해서 재지설, 왜인설, 왜계백제관료설 등 다양한 의견이 제안되고 있다. 개별 안마다 장단점을 가지고 있지만 아직 결정적인 근거를 가졌다고 보기 어렵다. 다만, 함평 마산리 표산고분이 전형적인 전방후원형 및 전기 횡혈식석실을 갖추고 있지만, 단일 묘역에서 철기시대 토광묘 → 제형분 및 옹관묘 → 전방후원형 고분의 변천이 파악되면서 재지세력에 의해 도입된 사실을 엿볼 수 있게 되었다. 다른 고분지역도 넓은 범위의 발굴조사가 진행된다면 동일한 양상이 확인될 가능성이 높다.

IV. 영산강유역 수장세력과 백제

5세기 후엽은 백제는 고구려에 의해 한성을 함락당하고 개로왕이 사망하는 등 극도로 혼란한 시기였다(475년). 문주왕이 한성으로 귀환하지 못하고 웅진으로 천도하여 이른바 백제 웅진기가 시작되었지만 이후 사비천도를 즈음한 시기까지 내정 혼란이 지속되고 있었다. 동성왕대(479년~501년)에는 잠시 왕권회복 활동과 함께 군대를 이끌고 무진주까지 출정하여 지방세력에 대한 장악력을 확보하려 했지만, 위사좌평 백가에 의해 암살당함으로서 백제 왕권회복은 잠시 지연되었다. 백제의 혼란한 정세가 지속되면서 지방 수장세력은 백제영향력으로부터 이탈하고 독자화하려는 움직임이 가속되었으며, 영산강유역과 서남해안지역 각지에 수장급 고총고분이 축조된 배경이 되었다.

이러한 수장세력의 동향에 대한 백제의 대응은 나주 신촌리9호분의 금동관과 금동신발, 복암리3호분의 96석실 금동신발, 정촌고분의 금동신발 등 최상위 위신재를 통해 엿볼 수 있다. 백제계 위신재는 백제와 수장세력간의 혼인관계를 시사하며, 이로써 백제 왕실은 '자제종족'으로 구성되는 담로제에 수장세력을 편입시켰을 가능성이 높다(이훈 2016). 그러나 지방세력에 대한 회유 성과가 여의치 않을 경우 무력시위를 하였다.

> 8월, 탐라가 공물과 조세를 바치지 않는다 하여 임금이 직접 치려고 무진주에 이르니, 탐라에서 소문을 듣고 사신을 보내 사죄하므로 곧 중지하였다(탐라(耽羅)는 곧 탐모라(耽牟羅)이다).[5]

위 『삼국사기』의 기사에 의하면 498년(동성왕 20)에 이르러 공납을 바치지 않자 백제가 징벌하기 위해 군대가 진출하였으나 탐라가 사죄(항복)하므로 그만두게 되는데, 이는 369년 근초고왕이 침미다례를 도륙하자 자연항복했던 '비리벽중포미지반고사읍'의 기사 내용과 서로 투영된다. 즉 근초고왕은 거점을 공략함으로써 여러 소국의 항복을 얻을 수 있었고, 동성왕은 무력시위만으로 탐라의 항복을 얻어냈다는 점에서, 현대의 표현으로 말하면 '가성비'가 높은 전략이었다.

동성왕은 494년 고구려에   기는 신라에 3천명의 원군을 보내거나, 495년 고구려가 치양성을 포위하자 신라에 구원을 요청하는 등 대를 이은 고구려와의 긴장관계에 놓여 있었다. 동성왕대 신라와의 우호관계를 제외하면, 근초고왕대의 고구려와 대치하던 상황과 크게 다르지 않았다. 대고구려 군사활동을 우선해야 했기 때문에, 위협의 정도가 보다 약한 지방세력에 대해서는 군사력 소모가 따르는 정복보다는 수장세력을 회유하

---

5) 『삼국사기』 권26, 백제본기4, 동성왕 20년 8월조.

고 때로는 위협하여 영향력 아래 두는 것이 더 효율적이었다.

근초고왕이 여러 소국의 '자연항복'을 얻거나, 동성왕이 탐라가 사죄하자 군대 진출을 '중지'한 것은 수장세력을 제거하지 않고 친백제 세력으로 유지시키는 '가성비'가 높은 전략이었다. 또한 백제에 즉각적인 위협이 되지 않는 한, 지방관을 직접 파견·배치해야 하는 국가역량의 소모도 피할 수 있었을 것이다. 따라서 근초고왕의 침미다례 도륙 이후, 서남해안과 영산강유역 재지세력에게 자율성과 고유한 문화성이 존속할 수 있었다.

5세기 후엽~6세기 전엽, 아직 내부의 혼란이 수습되지 않았던 백제 중앙에서는 혼인관계, 위신재 사여 등으로 지방 수장세력과 결속하여 영향력을 유지하고자 하였을 것이다. 그러나 영산강유역의 수장세력은 백제의 기대와 달리, 이에 전적으로 규제받지 않고 독자성을 가지고 있었던 듯 하다.

영산강유역 수장급 고총고분의 부장품에는 백제 위신재 뿐만 아니라 반남고분(신촌리9호분 을관) 및 정촌고분(1호석실)의 모자대도, 화살통걸이금구, 복암리고분 96석실의 말재갈 및 행엽 등 대가야계가 있으며(김낙중 2014, 오동선 2018, 土屋隆史 2018), 전기 횡혈식석실과 전방후원형고분, 하니와(埴輪)모양의 원통형토기 등은 일본열도에서 유래한 것이다.

영산강유역 각 지에서는 삼족기와 기대, 병형토기 등 백제계 토기가 늘어나지만, 한편으로는 일본열도의 요소가 융합된 재지양식의 개배가 제작되었고, 소가야계 및 대가야계 토기가 확인되며, 나주 영동리고분군과 해남 용일리 3호분에서는 신라계 기대, 일본열도 자라병, 만의총 1호분에서는 신라 속성이 다분한 서수형토기, 가야토기, 일본열도 동경 등이 부장되었다. 함평 금산리 방대형고분은 형상 하니와가 확인되며. 해남 용두리고분과 함평 표산고분에서는 백제를 경유한 시유도기, 함평 금산리 방대형분에서는 연판문 완과 흑유도기가 확인된다.

백제의 약화에 따라 보다 유동성이 확보된 영산강유역 수장세력은 백제를 비롯한 대가야, 일본열도 등 주변 정치체와의 역학관계에 따라 대응하였고, 그 결과 유물의 다양성으로 나타났다(오동선 2017). 또한 근초고왕대 이후 명목상 백제의 지방체제에 편입되었으나 상당부분 수장권력을 유지하고 있었으며, 5세기 후엽 이후에는 백제의 영향력이 약화되자 수장세력의 독자성이 강해질 수 밖에 없었다. 이는 고금을 통해 많은 사례에서 찾아 볼 수 있는 통치권력의 가장 실리적인 모습이다. 당시 사회가 별도의 문화를 가지고 있다고 하더라도 이 특성 때문에 백제에 복속된 사회인가, 독자적 정치체인가 하는 성격을 규정하는 것은 칼로 무 베듯 명쾌할 수 없으며, 오히려 양면성을 취하는 것이 재지 수장세력이 존속할 수 있었던 배경이었을 것이다.

V. 6세기 중엽 이후의 수장고분

6세기 중엽 이후 백제는 안정기에 들어서자 지방에 대한 정책을 강화하였다. 이에 따라 영산강유역에서도 대형고분 축조가 쇠퇴하고 새로이 백제 사비식석실이 등장한다. 영산강유역의 대표적인 사비식석실은 나주 흥덕리고분. 대안리 4호분, 복암리 1호분, 복암리 3호분, 영동리 1호분, 신안 도창리고분, 읍동고분 등이 알려져 있으며, 전남지역 전체적으로는 내륙과 해안 및 도서지역까지 광범위하게 확산되어 축조된 고분양식이다.

그 중 흥덕리고분과 복암리 3호분에서는 은제관식이, 영동리 1-4호석실에서는 청동과대가 부장되었다. 백제의 관제에 의하면 은제관식은 6품 나솔 이상 관등을 상징하며, 청동과대도 색상별로 관등을 규정하였지만 대부분 탈피되어 명확히 규명하기는 어렵다. 영동리 1-4호분에서는 과대만 확인되고 은제관식이 없기 때문에 아마도 7품 장덕 이하의 인물로서,

복암리 3호분 은제관식 등을 부장한 사비기석실의 하위관료 또는 하위귀족이었을 가능성이 높다.

　백제 사비식석실과 관등 상징 부장품은 6세기 중엽 이후 나주지역을 포함한 전남지역에 대한 백제 영향력이 훨씬 강해졌음을 시사한다. 하지만 그 영향력이 전 지역에 일률적으로 미치지 않았던 것 같다. 기존에 중소형고분이 축조되던 변경지역의 상당수는 백제에 완전히 복속되면서 지방관이 파견되었다고 보아도 무리는 없을 것이다. 그러나 고총고분의 중심지였던 나주 반남고분군과 복암리고분군, 함평 신덕고분군은 유력 수장세력들이 건재한 지역이었기 때문에 강제적 수단이 동원되지 않았다면 제압할 수 없는 곳이다. 하지만 복암리고분과 신덕고분에서 볼 수 있듯이, 전대의 묘역을 계승하면서 사비식석실이 축조되고 있기 때문에 수장세력의 강제적 제압과 세력 제거 또는 교체는 없었다고 보인다.

〈그림 6〉 나주 복암리1호분 출토 녹유탁잔 및 복암리3호분 출토 은제관식

한편 복암리 1호분 및 복암리 3호분의 사비식석실 중에는 관등을 상징하는 부장품이 확인되지 않았지만, 석실 축조수준, 규모, 부장품의 질적 수준 등으로 보아 높은 위상을 보여주는 무덤도 존재한다. 관등 상징물이 없지만 당대 최고급 문물인 녹유탁잔을 부장한 복암리 1호분 석실이 그 사례이다.

이는 수장세력이 은제관식이나 과대로 표상되는 백제 관등제, 지방체제에 완전히 구속되지 않았음을 시사한다. 그런 점에서는 전 시기의 고총고분을 조영한 시기와 동일하지만, 사비식석실의 등장에서 볼 수 있듯이 백제 중앙의 사회문화적 변화를 시차없이 받아들일 정도로 결속이 강화되어 있었다고 보인다.

VI. 맺음말

영산강유역의 수장세력은 청동기문화를 기반으로 철기를 도입하면서 형성된 마한 제세력은 4세기까지 영산강과 서남해안을 거점으로 성장하고 있었다. 백제에 의해 중부지역 마한 중심체가 약화되자, 서남부지역 마한 제세력은 지역 네트워크를 새로이 구축하고 대외교섭에 적극적으로 나섰다. 진서 장화전의 '동이마한신미제국'에서 보는 바와 같이 '신미의 여러 나라'가 집단으로 진에 사신을 파견하기도 하였다.

4세기 후반, 백제의 교통로 확보를 위한 군사활동으로 '신미국'의 이칭으로 추정되는 '침미다례'가 공격당하였고, 주변 제소국은 백제의 군사적 위세에 '자연항복'하여 재지세력의 소멸을 피할 수 있었다. 재지세력은 백제의 대왜통교를 중계하거나 고대항로를 유지·관리하는 친백제 수장세력으로서 존속하였던 것으로 보인다.

5세기 초두, 고구려가 신라·금관가야에 진출하자 군사위기를 대응하여 백제는 왜의 병사를 적극적으로 도입·활용하였으며, 서남해안의 항로를 견고히 하고자 거점지역에 중소규모의 왜계군사를 배치하였다. 서남해안지역에 남아 있는 수혈식 석곽(실)묘는 이 지역에 배치되었던 왜계 용병집단의 무덤으로 보인다.

　5세기 후엽에 이르면, 영산강유역에는 고총고분이 급격히 증가하였고 백제는 물론 대가야, 소가야, 일본열도 등에서 유래한 다양한 문물이 등장하였다. 이는 백제가 한강유역 상실 후 왕실의 영향력이 현저히 약화되고 있던 시기와 일치하며, 이에 따른 지방 수장세력의 동요와 독자화의 결과로 보인다. 다만, 이전부터 시행되어 온 백제의 지방책에 의해 백제 영향력이 약화되었음에도 불구하고 지역내 구심체를 형성하지 못했고, 고총고분은 규제없이 각 지역에서 경쟁적으로 축조된 것으로 보인다.

　6세기 중엽에는 백제가 안정기에 들어서고 지방에 대한 정책이 강화되면서 영산강유역에서도 고총고분이 줄어들고 백제사비식석실이 등장한다. 본격적으로 백제화가 진행되었지만, 지방의 유력지역은 수장세력이 존속하고 있었으며 보다 강화된 친백제세력으로서 백제의 영향력 아래 공존하고 있었다.

【참고문헌】

국립광주박물관, 1988,《나주 반남고분군》.

국립광주박물관 2001,《해남 방산리 장고봉고분 시굴조사보고서》.

국립나주문화재연구소, 2014a,《영암 옥야리 방대형고분》.

국립나주문화재연구소, 2014b,《고흥 야막고분》.

국립나주문화재연구소, 2018,《나주 복암리 정촌고분》.

국립문화재연구소, 2001,《나주신촌리9호분》.

김낙중, 2014,〈가야계환두대도와 백제〉,《백제문화》50집 공주대학교 백제
　　　문화연구소.

김재현, 2017,〈나주 영동리고분 출토 고인골로 본 매장의례〉,《마한의얼굴,
　　　어떻게 복원할 것인가》, 나주 영동리고분 고인골복원 학술대회, 나주
　　　복암리고분전시관.

김진영, 2018,《영산강유역 철기문화연구》.

대한문화재연구원, 2014,《영암 태간리 자라봉고분》.

대한문화재연구원, 2015,《나주 가흥리 신흥고분》.

동북아지석묘연구소, 2018,《광주 월전동 하선 · 복룡동 · 하산동유적》.

동신대학교 문화박물관, 2014,《해남 만의총 1호분》.

동신대학교 문화박물관, 2015,《신안 안좌면 읍동 · 배널리고분》.

목포대학교박물관, 1987,《해남 군곡리패총 Ⅰ》.

목포대학교박물관, 2010《해남 신월리고분》.

목포대학교박물관, 2011,〈무안 신기고분〉,《무안 송형리유적》.

영해문화유산연구원, 2012,《곡성 대평리유적》.

오동선, 2018,〈고대 한국의 화살통과 나주 복암리 정촌고분〉,《고대 한 · 일
　　　의 화살통과 장식칼》, 2018 국립나주문화재연구소 학술대회, 국립나

주문화재연구소.

오동선, 2017, 〈5~6세기 영산강유역권의 동향과 왜계고분의 의미〉, 《백제학보》 20집, 백제학회.

이정호, 2014, 〈신안 배널리고분의 대외교류상과 연대관〉, 《고분을 통해 본 고분의 대외교류와 연대관》, 제1회 고대 고분 국제학술대회, 국립나주문화재연구소.

이훈, 2016, 〈금동신발로 본 복암리세력과 주변지역의 동향〉, 《역사학연구》 62집, 호남사학회.

임영진, 2011, 〈고흥 길두리 안동고분의 발굴조사 성과〉, 《고흥 길두리 안동고분의 역사적 성격》. 전남대　박물관.

전남대학교 박물관, 2004, 《함평예덕리만가촌고분군》.

전남대학교박물관, 2003, 《광주 월계동 장고분》.

전남문화재연구원, 2006, 《나주 랑동유적》.

전남문화재연구원, 2008, 《해남 황산리 분토유적》.

전남문화재연구원, 2016, 《나주구기촌 · 덕곡유적》.

최성락, 2013, 〈전남지역 미한 소국과 백제 : 고고학에서 본 침미다례의 위치〉, 백제학보 9집, 백제학회.

최성락, 2018, 《영산강유역 고대사회의 형성과정 연구》, 주류성.

최영주, 2017, 〈고분 부장품을 통해 본 영산강유역 마한세력의 대외교류〉, 《백제학보》 20집, 백제학회.

土屋隆史, 2018, 〈고대 일본의 화살통과 모자대도〉, 《고대 한 · 일의 화살통과 장식칼》, 2018 국립나주문화재연구소 학술대회, 국립나주문화재연구소.

호남문화재연구원, 2005, 《나주 용호고분군》.

호남문화재연구원, 2005, 《광주 외촌유적》.

호남문화재연구원, 2006, 《담양 서옥고분군》.

취락으로 본 마한 토호세력의 성격
-영산강유역을 중심으로

이영철 (대한문화재연구원)

3백5십여리에 이르는 영산강은 1,345개의 크고 작은 물줄기가 얽혀 풍요로운 남도 땅을 일구었다. 한반도 서남단의 비옥한 토지와 리아스식 해안으로부터 품어져 나온 풍부한 수산자원은 고래로부터 인간의 집주(集住)를 유혹하기에 충분한 자연의 선물이었다.

기원전 3·2세기 어느 즈음에 이미 '한(韓)'으로 지칭된 종족이 한강이남 지역에 자리하였는데, 영산강유역에 터를 잡은 이들 또한 같은 종족이라 할 수 있다. 고조선 준왕 집단을 곧 마한으로 보거나 또는 그 이전부터 존재한 한을 마한으로 인식할 수 있는 개연성은 충분하다는 주장(성정용 2018)이 그러하다.

어느 종족의 사회적 성격을 정리하기 위해서는 삶의 탄생으로부터 죽음으로 이어지는 life story를 먼저 이해해야 한다. 오늘 주제인 마한 사람들의 사회적 성격 또한 마찬가지이다. 그들이 어떤 DNA를 가지고 행동양식을 결정하였으며, 결정된 사회적 틀 속에서 어떻게 삶을 영위하고 생을 마감했는가를 정리하였을 때, 영산강유역 마한 사람들의 사회적 성격은 밝혀질 것이다.

이와 관련해 발표자에게 주어진 주제는 '취락으로 본 영산강유역 마한(토호)세력의 성격'이었다. 취락이라 함은 고고학에서 다루고 있는 마을유적을 일컫는다. 먹고, 입고, 자는 공간으로부터 구성원끼리 서로 마주하고, 안전하게 경제활동을 영위하기 위해 결집된 공동 집합체이다. 따라서 마을유적은 구성원들의 경제활동 유형은 물론이고 사회적 구조와 rank까지도 복원할 수 있는 정보를 담고 있다.

그렇다면 마한의 일 종족이 영산강유역에 터를 잡았을 즈음, 사람들의 의식주 활동이 전개되었던 마을은 어떠한 모습으로 복원해볼 수 있을까? 안타깝게도 영산강유역에서는 기원전 형성되었던 마한시기의 마을 경관을 제시하기가 아직은 미흡하다. 해남 군곡리패총과 나주 수문패총 유적을 통해 강안이나 해안을 끼고 마을이 자리하였을 것으로 추정되고 있을 뿐, 어떤 모양의 집들이 어떻게 어우러져 경관을 갖추었는지는 나 또한 궁금하다. 우리가 상정할 수 있는 마한시기 마을의 복원은 3세기로 비정된 유적에서부터 가능하다.

따라서 발표자는 영산강유역 마한 세력들의 성격을 이해하기 위하여 기원후 3~4세기에 가장 성장가도를 달렸던 담양 태목리 취락유적을 중심으로 토호세력의 성격을 살펴보고, 영산강유역 마한 사회의 성격을 단계별로 구분하여 설명하겠다. 그리고 이에 앞서 토호세력의 성격 규명과 관련된 문헌 기록 관련 사료를 일부 정리해보고자 한다.

I. 마한인의 life story 관련 사료!

우리 역사서에 남겨진 마한 관련 기록은 매우 희박한 편이다. 그럼에도 불구하고 불행 중 다행인 것은 당시의 마을 경관이나 생활사를 복원해볼 수 있는 자료가 중국측 기록에 전해져오고 있는 사실이다. 기원후 3세기에 작성된『三國志』위서동이전과 더불어『後漢書』동이전 한조 등에서 관련 내용 일부가 아래와 같다.

> 〈韓〉在〈帶方〉之南, 東西以海爲限, 南與〈倭〉接, 方可四千里. 有三種,
> 一曰〈馬韓〉, 二曰〈辰韓〉, 三曰〈弁韓〉. 〈辰韓〉者, 古之〈辰國〉也.
> 〈馬韓〉在西. 其民土著, 種植, 知蠶桑, 作綿布. 各有長帥, 大者自名爲臣智,
> 其次爲邑借, 散在山海間, 無城郭.
> '한'은 '대방'의 남쪽에 있다. 동쪽과 서쪽으로 바다를 한계로 한다. 남쪽은
> '왜'와 접해 있으며, 사방 사천리이다. 세 가지 종류가 있으니, 하나는 '마

한'이고, 둘은 '진한'이고, 셋은 '변한'이다. '진한'은 옛날 '진국'이다. '마한'
은 서쪽에 있는데, 백성들은 토착을 하며 씨를 뿌리며 양잠을 알고, 면포
를 만들었다. 각각 장사가 있는데 큰 자는 스스로를 '신지'라 하고, 그 다
음은 '읍차'라 한다. 산과 바다 사이에 흩어져 있는데, 성곽은 없다.

其俗少綱紀, 國邑雖有主帥, 邑落雜居, 不能善相制御. 無跪拜之禮. 居處作
草屋土室, 形如冢, 其戶在上, 擧家共在中, 無長幼男女之別. 其葬有槨無棺.
不知乘牛馬, 牛馬盡於送死. 以瓔珠爲財寶, 或以綴衣爲飾, 或以縣頸垂耳,
不以金銀錦繡爲珍.

그 풍속은 기강이 적어, 나라의 읍에 비록 주인이 있지만, 읍락에 섞여 살
고, 능히 제도하거나 다스림에 능하지 못하다. 꿇어 앉아 엎드려 절하는
예의도 없다. 거처는 흙으로 만든 집에 풀로 지붕을 올리는데, 형태가 무
덤과 같다. 그 문은 위로 내고, 가족이 함께 그 가운데 있다. 어른과 아이
와 남녀의 구별이 없다. 그 장사는 곽은 있으나 관이 없다. 소와 말 타는
것을 알지 못하여, 소나 말은 사람이 죽었을 때 보내져 쓰인다. 구슬 목걸
이를 보배로 삼았는데, 혹은 옷에 꾀 메어 씀으로 꾸미고, 혹은 목에 매달
기도 하고, 귀에 달기도 한다. 금은 비단은 보배로 여기지 않는다.

凡七十八國, 伯濟是其一國焉. 大者萬餘戶, 小者數千家, 各在山海間, 地合
方四千餘里, 東西以海爲限, 皆古之辰國也. 馬韓最大, 共立其種爲辰王, 都
目支國, 盡王三韓之地. 其諸國王先皆是馬韓種人焉.(『後漢書』東夷傳 韓條)
무릇 78국이며, 백제(伯濟)는 곧 그 중의 한 나라이다. 큰 나라는 1만여 호
에 달하며, 작은 나라는 수천 가로, 각기 산과 바다 사이에 있으며, 땅을 합
치면 둘레난 4천여 리 정도로, 동서쪽으로는 바다를 경계[限]를 삼으니, 모
두 옛 진국(辰國)이다. 마한이 가장 크며, 그 종(種)을 함께 세워 진왕(辰

王)으로 삼았는데, 목지국(目支國)을 도읍으로 하여, 한 땅의 왕으로 행세
하였다. 그 모든 나라들의 선대[先]는 모두 곧 마한의 종인(種人)이었다.

위 기록을 참고하면, 마한 제국은 4천여 리의 영역을 가지고 있었으며,
큰 나라는 1만호에 가까운 수가, 작은 나라는 수천 호의 가옥들이 어우러
져 있음을 알 수 있다. 그리고 나라의 중심인 읍락에는 신지나 읍차로 불
리는 우두머리가 있었지만 통치 정도는 강하지 못하였다는 내용. 그리고
주거 구조는 흙으로 만든 집에 풀로 지붕을 올렸는데, 무덤의 형태와 같
다고 기록한 것으로 보아 발굴조사를 통해 드러나고 있는 수혈식 구조의
집 모양임을 알 수 있다.

이 기록만으로 보면 마한 소국의 내부 구조는 실질적인 1인 지배자의
존재가 불확실했음을 짐작할 수 있다. 나라의 읍에 주인은 있지만 구분이
가시화되지 않은 참 평화로운 사회 구조가 유지되지 않았나 싶다. 이 기
록과 관련된 사회구조 경관을 복원해낼 수 있는 취락유적이 있어 확인해
보기로 하겠다.

II. 영산강유역 마한 중심 읍락의 경관과 구조 복원

『三國志』위서동이전의 기록이 남겨지고 있던 3세기 후반 즈음, 영산강
유역 일원에도 마한 소국의 일부가 성장하고 있었을 것이다. 기록에 전하
듯이 소국에는 오늘날의 수도와 같이 중심이 되는'邑(國邑)'도 상정된다.
다만 소국의 국읍과 관련한 실체적 논의가 쉽지 않은 것은 분명하다. 그렇
지만 국읍 수준으로 논의해볼만한 담양 태목리 취락유적이 있어, 본 장에
서는 이를 중심으로 마한사회의 취락 경관과 구조 복원을 시도해보겠다.

1. 담양(潭陽) 태목리(台木里)유적

담양 태목리유적은 장성-담양간 고속도로 본선 건설과 북광주IC를 건설하는 과정에서 최초로 발굴조사 되었다. 담양 태목리 347 · 348 · 363번지를 따라 건설된 장성-담양간 고속도로 본선구간에 대한 발굴조사는 2003년~2005년(11개월), 태목리 362~365번지에 건설된 북광주IC구간 발굴조사는 2007년~2008년(16개월)에 각각 진행되었다.

평면적 약 140,000㎡ 범위에서 진행된 발굴조사는 총 27개월이라는 장기간에 걸쳐 이루어졌는데, 호남지역에서 발굴조사된 단일 유적 중 가장 긴 조사기간이 소요되었다. 발굴조사 결과, 청동기시대로부터 마한 · 백제시대에 걸쳐 조성된 수많은 유구와 유물들이 드러났다.

이 가운데 마한시기의 관련 자료는 주거지 1,280동(965동 발굴조사 완료)을 비롯하여 고분 79기, 수혈유구 83기, 구 26기, 우물 4기, 창고시설 7기, 토기가마 1기 등으로 정리된다(그림 1). 주거지는 본선구간과 북광주IC구간의 남동쪽 구역을 중심으로 드러났으며, 고분은 북서쪽 구역에 집중됨으로써 마을 내에서도 삶과 죽음의 공간이 구분된 경관으로 형성되었다.

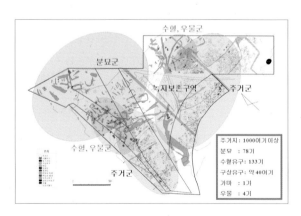

〈그림 1〉 태목리유적 유구 현황도(강귀형 2013)

· 마을 규모와 구성원의 성격

　발굴조사가 완료된 주거구역 자료를 분석한 결과, 태목리 취락유적은 10동 내외의 주거지가 한 무리를 이루고 일정한 공지를 경계로 10개소 이상이 무리 지은 주거구역의 경관이 복원되었다. 이러한 모습은 주거지 중첩이 5중 이상으로 확인되는 예가 상당히 많다는 점에서 마한 시기에 마을이 형성된 이후로 매우 오랜 기간 동안 운영되었음을 알 수 있었다. 시기는 기원후 2세기부터 5세기 전반까지로 알려져 있는데, 중심된 시기는 3~4세기이다. 최소 100동 내외의 주거지로 구성된 마을을 이루고 300년 이상 유지되었다고 볼 수 있는데, 한 주거지의 거주 인원을 4명으로 가정할 때 마을 구성원의 수는 400명 정도로 추정된다. 그러나 이러한 인구 산출치는 발굴조사가 이루어진 구역에 한정될 뿐이다.

　다음은 주거 유형을 통해 마을 구성원들의 출자나 성격 검토해 보았다. 주거 유형은 평면형태를 기준하여 구분할 수 있는데, 전남 서부와 서남부 지역은 방형계 주거지를 절대적으로 선호한 반면(담양-장성-광주-함평-영광-무안-영암-해남-강진-장흥-완도-진도), 전남 동부와 동남부 지역은 원형계 주거지를 주로 축조하였다(보성-곡성-구례-순천-광양-여수). 그런데 태목리유적에서는 방형계와 원형(타원형)계 주거지가 혼재된 것으로 확인되었다. 물론 방형계 주거지가 많은 수를 차지하지만, 42동의 말각방형과 11동의 원형(타원형)계 주거지가 조사되었다.

　이러한 현상은 영산강유역에서 드문 사례라 할 수 있다. 광주 용곡 A(호남문화재연구원 2009)유적과 오선동유적 조사 과정에서도 원형계가 확인되었지만, 2~3동에 불과하다는 점에서 태목리유적 원형계 주거지 존재는 시사하는 바가 크다. 이는 영산강과 섬진강 문화가 교차되는 점이지대의 상황을 대변하는 결과로써, 두 문화권의 주거 유형이 어우러진 태목리 유적은 유통과 교역의 중심지였을 가능성이 높다고 볼 수 있다. 결국 마을 구성원들 대부분이 마한에 뿌리를 둔 이들로 판단되지만, 섬진강 유역에 출자를 둔 사람들도 이주하여 함께 삶을 영위했다고 여겨진다. 일부 주거지에서 가야계 승석문 단경호들이 출토된 점은 이를 뒷받침해주는 근거라 할 수 있다.(그림 2)

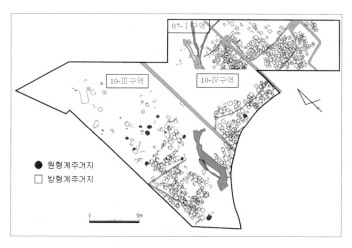

〈그림 2〉태목리 유적 주거 유형 배치도(강귀형 2013)

· 주거지 규모와 내부시설

주거지 평균 면적은 14.62㎡인데, 대체적으로 10~20㎡ 범위에서 축조된다. 무주공식(비사주식) 주거구조가 96%로 거의 절대적인 수치를 보이는 반면 사주식은 6% 정도로 확인되었다(강귀형 2013). 마한계 주거지의 대표 유형인 사주(四柱)의 존재가 거의 전무한 점은 영산강유역으로의 사주식 구조 확산 현상과는 상반된다. 태목리유적과 연접한 광주 일원에서는 사주식 주거지의 비율이 상당히 높게 나타나고 있는데 말이다.

주거지 내부시설은 노시설과 기둥, 작업구덩이, 벽구시설 등이 있다. 이 가운데 노 시설을 살펴보면, 점토를 이용해 구축한 부뚜막식(Ⅰ · Ⅱ

식) 구조가 절대적이다. 직선형(부뚜막 I 식)이 81%인데 반해 굴절형(부
뚜막 II 식)이 6%로 전자가 대부분이라 할 수 있다. 벽구 시설은 일부 확
인되나 대부분 배수보다는 노지(부뚜막 II 식)의 연도 용도로 이용하고 있
다. 마한 지역에서 조사된 주거지는 상당수가 벽체와 지붕 결구를 위해
세운 기둥을 땅 속에 삽입한 사주식인데 반해, 태목리 유적 주거지들은
내부 바닥면에 기둥을 맞대어 세운 무주공식(비사주식)을 선호하였던 것
으로 확인된다.

· 마을 구조와 주인공의 존재 여부

유적 내 주거단위 요소를 살펴보면 주거지, 토기 가마, 공방처, 창고건
물, 저장혈, 우물, 광장, 묘역 등이 확인된다.

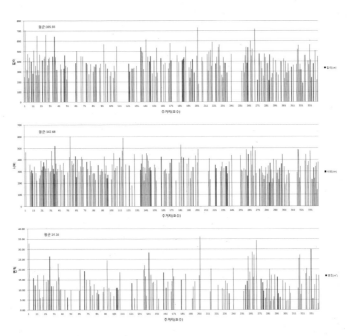

〈그림 3〉 태목리 유적 주거별 규모 비교 분포도

이를 토대로 마을 경관을 복원해 보면 크게 일상생활이 이루어진 주거구역과 죽은 자들이 묻힌 무덤구역으로 나누어진다. 두 구역 사이에는 큰 도랑이 가로질러 공간을 구분하였다. 주거구역에는 구성원들의 의식주가 이루어진 주거지를 기본으로 공방관련 주거지, 창고시설, 우물, 저장혈, 토기가마 등을 갖추었다. 토기가마는 두 기 정도를 구축하여 일상 생활에 필요한 토기(용기류)류를 자체 생산하여 소비한 시스템이 상정된다. 공방 주거지에서는 치레걸이인 옥을 제작하기도 하였으며, 낫이나 도끼, 칼 등과 같은 철기류를 만들기도 하였을 것이다. 또한 주거구역에는 공동 창고건물을 마련하였는데 한두동 정도가 상정된다.

주거구역 북서쪽에는 묘역을 조성하여 장례와 제사를 행하였다. 평면 형태가 사다리꼴(제형)인 전통적인 영산강유역 무덤 모양으로 완성하였다. 고분군의 무덤들을 살펴보면 주거군 분포양상과 동일하게 일정 공간 단위로 그룹을 이루며 조성된 모습이다.

한편 주거지별 규모나 구조 분석 결과에서 별반 차이가 드러나지 않았다. 주거군마다 면적이 큰 주거지가 확인되기도 하였지만, 주거군을 상호 비교해보았을 때는 유적 전체를 아우를 정도의 우월한 규모를 갖는 예는 없었다. 이와 관련해 마을을 대표한 1인 우두머리의 출현이 진행되지 않는 사회구조를 보여주는 현상으로 해석하였다(그림 3). 아래에서 다시 설명하겠지만 묘역에 조성된 제형 고분 간에도 규모나 내용별 차별화가 드러나지 않는 점이 이 같은 해석을 뒷받침해 주고 있다. 결국 주거군을 대표한 자들이 함께 모여 마을 중요 사항을 공동 결정하는 방식으로 유지된 사회구조가 아니었나 싶다.

· 고분에서 찾아본 피장자의 성격
유적 북서쪽 구역에서 조사된 79기의 고분은 태목리유적의 성장과 번

성이 가속화되었던 기원후 3~4세기에 집중 조영되었다. 고분은 평면형태
가 모두 제형으로 완성되었는데 영산강유역에서 조사된 마한시기 고분이
대부분 제형이라는 점과 같다. 고분군은 일정한 공지를 두고 무리를 이루
고 있는 양상인데, 장축방향에 기준할 때 최소 7개 이상으로 군집된 것을
알 수 있다. (그림 4)

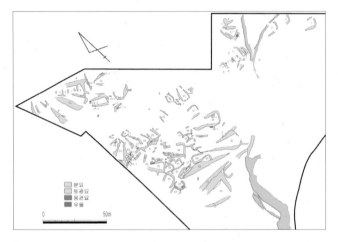

〈그림 4〉 태목리유적 고분구역 그룹 모식도

이와 같은 현상은 북서쪽의 미조사된 구역을 감안할 때, 10개소 이상
의 주거군이 어우러진 주거구역의 현상과 닮아있다. 일부 고분의 길이가
30~40m 규모로 대형인 것이 확인되지만, 수평 확장이 진행된 결과임을
감안할 때 최초 축조된 고분 간 규모는 대동소이하다고 볼 수 있다. 그룹
간 내용 비교에서도 차이가 확인되지 않는다.

고분에 묻힌 피장자는 옹관이나 토광 혹은 목관에 안치되었는데, 관의
규모나 위치에서 우월적인 지위를 가졌던 인물의 상정은 어려웠다. 고분
부장유물에서도 우위를 둘 수 있는 사례는 역시 드러나지 않는다. 영산

강유역 고분 연구(김낙중 2012)에서도 분구가 고총화되는 단계 이전에는 집단 내 혹은 지역 공동체 사이에서 우월적 존재를 갖는 개인이나 특정 집단의 상정이 어렵다는 주장과 일치하는 현상이다.

결국, 마한시기 소국에서 살았던 구성원들의 사회적 관계는 태목리유적에서 드러나듯이 특정 우두머리의 출현이 가시화되지 않은 공동체사회로 정리된다.

· 마을의 성장 동력

마을의 성장 배경 가운데 하나는 강안 충적대지라는 자연환경 조건에서 배출되는 농경 활동이 우선 상정된다. 상당수의 주거지에서 출토된 곡물 종류가 밀로 한정된다는 점을 근거할 때 경작지에서 생산된 식 자원은 마을의 성장을 가속화시켰을 것이다. 주거지에서 사용한 생활토기들을 살펴보면 곡물의 수확과 저장 그리고 조리와 관련된 용기들로 정리된다. 주거지 벽 한쪽에 점토로 만든 부뚜막시설을 만들어 음식을 조리하고 온방과 조명을 밝혔던 태목리유적 사람들은 시루와 옹을 이용해 수확한 곡물로 음식을 조리하였으며, 단지와 항아리와 같은 용기와 땅을 파서 만든 구덩이 속에 곡물을 저장하며 생활하였다.

한편 경작 규모와 수확량의 결정은 농법도 중요하겠지만 무엇보다도 노동력의 확보가 필연적인 것으로써, 마을 인구의 증가를 자연스럽게 유도하였다. 주거지와 고분에서 출토된 철기류가 생산 활동에 필요한 철겸, 철도자, 철부 등의 농·공구류 중심이라는 점이 이를 뒷받침해줄 수 있는 자료이다. 결국, 식량자원의 확보와 인구 집주, 농·공구류 중심의 철기 제작과 소비 등으로 정리되는 고고학 자료의 정황은 마을의 성장 배경으로 이해할 수 있는데, 다장(多葬) 제형 고분군의 조성이 3~4세기에 가장 활발해진 것과도 맥락을 같이한다. 마을은 5세기에 접어들어 급격히 쇠퇴한 후 소멸되었다.

이제까지 살펴 본 태목리유적의 주요 내용들은 마한시기의 여타 취락유적에서는 좀처럼 찾아보기 어렵다. 최근 장성 장산리유적에서 이와 유사한 경관이 확인됨으로써 지역 세력마다 중심이 되었던 취락유적이 존재했을 가능성이 엿보이지만, 태목리유적과 비교하기에는 다소 부족하다.

다만 두 유적 모두 강안 충적대지라는 동일한 입지에 위치한다는 점에서 마한 시기 소국의 중심읍락이나 일반읍락의 입지 조건이 유사했을 가능성은 커 보인다. 이는 비단 영산강유역에 국한된 현상은 아닌 것 같다. 전주천이 흐르는 전북 전주 동산동유적에서도 유사한 경관의 취락유적이 확인되었기 때문이다.

· 마을유적의 범위와 경관

그렇다면 마한 시기 최고조의 성장가도를 달린 태목리유적의 범위와 경관은 어떠했는가를 살펴보자. 유적은 남-북 직선거리가 약 2km에 이른다. 그리고 동서 직선거리는 최소 1.6km 정도이다. 면적으로 환산하면 1,200,000㎡(363,000평)으로 산출된다. 실로 방대한 규모임을 누구나 알 수 있다.

태목리유적의 주거지 한 동 규모가 대개 30㎡(9평) 내외인데, 공유 면적을 감안한 두 동의 면적을 추정하자면 80㎡(24평) 정도로 산출된다. (그림 6)에 설정한 주거지 밀집 지점은 2,500㎡(756평) 면적에 해당하는데, 앞의 산출치를 적용할 시 31동 정도의 주거지가 동시에 공존하였다고 볼 수 있다. 이를 태목리유적 현황에 적용해 검토해 보겠다.

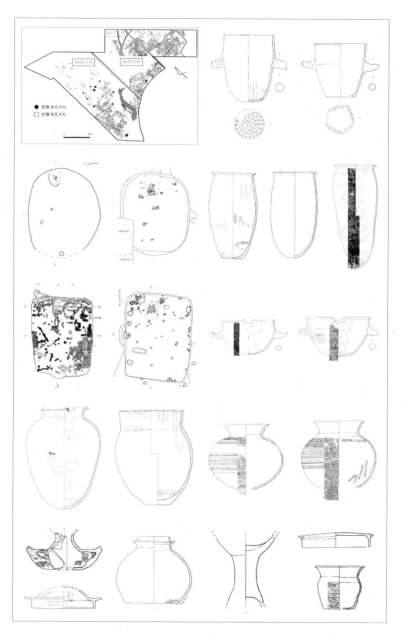

〈그림 5〉태목리유적 주거유형과 생활토기류

발굴조사를 통해 드러난 2,000여동의 주거지가 점유한 면적은 조사가 진행된 구역(156,365㎡) 가운데 약 80,000㎡ 정도이다. (그림 6)과 같은 밀집율을 그대로 적용해 보면 1,000동 정도의 주거지가 공존했다는 가정이 성립된다. 발굴조사가 진행되지 않은 나머지 구역에도 주거지가 자리한다는 점을 염두 하자면, 1,000동의 산출 결과는 최대가 아닌 최소 수치일 것이다.

물론 이러한 산출 방식은 아직 많은 검토가 필요하다고 볼 수 있겠지만, 최소 수 백동의 주거지가 공존했다는 부분을 부정하는 이는 없을 것이다. 기원후 3세기에 기록된『三國志』위서동이전에 따르면 "마한의 대국은 나라의 호구수가 만여 호(戶)에 이르고, 소국은 수천 호(戶)로써 총 10만 호(戶)이다."라고 기록하였다. 이 기록이 정확한 통계 자료라고는 볼 수 없더라도, 소국은 수천 호의 가구로 구성되었음은 알 수 있다. 태목리유적이 위치한 지금의 담양에도 마한 54개국 중 하나가 자리했을 개연성은 충분하지 않나 싶다.

담양이 자리한 영산강 상류지역에서 그동안 조사된 취락유적은 상당수 있지만, 3~4세기에 이 정도 규모를 갖춘 예는 아직 보고되지 않았다. 따라서 담양 일원에 마한 소국 비정이 가능하다면, 태목리유적은 소국을 관장했던 중심읍락이 자리했을 가능성을 제안해본다.

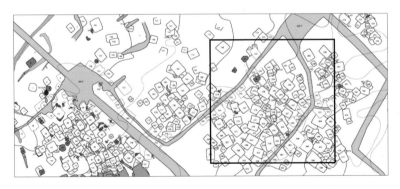

〈그림 6〉 태목리유적 본선구간 유구 분포도(50m×50m 설정)

다음은 마한 소국의 중심읍락으로 비정한 유적 경관을 살펴보겠다. 태목리유적의 경관은 영산강 본류에 맞닿는 남동쪽 구역은 주거 공간으로, 대전천에 접한 북서쪽 구역을 묘역 공간으로 크게 구분한 모습이 복원된다. 주거공간이 강변을 따라 자리한 이유는 식수의 확보와 세탁과 같은 일상생활의 편의성을 고려함과 동시에 수로를 이용한 물자의 입출이 편리한 교통로에 접해 있다는 점에서 찾아지며, 묘역을 주거구역의 외곽인 북서쪽에 마련한 이유는 죽은 이들이 마을을 지켜보면서 후손들의 안녕을 보호해준다는 사상적 염원이 깃든 것은 아니었나 싶다.

주거공간은 앞장에서 살폈듯이 10동 정도로 밀집된 주거 단위를 사이로 작은 마을 길이 연결되었으며, 광장에는 솟대나 대목(大木)을 세워 마을 공동행사나 축제 등이 진행되었을 것이다. 그리고 구슬이나 철제품을 제작 생산하는 공방지와 함께 일상토기를 생산한 토기가마도 자리하였고, 농사에 필요한 종곡(種穀)을 보관하는 마을 공동 창고시설도 두었다. (그림 7)

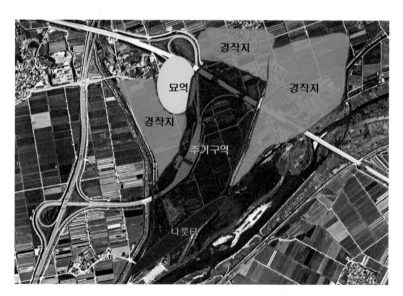

〈그림 7〉 태목리유적 경관 복원도

2. 영산강유역 마한사회 취락상

영산강유역에는 태목리유적과 같은 대규모의 취락도 자리하지만, 보다 작은 규모의 일반취락도 공존하고 있었다. 발표자는 여러 차례 논고를 통해, 취락유적을 규모에 따라'소촌-중촌-대촌'으로 분류하고 취락 간 위계 정도를 분석하여'일반취락-거점취락-중심취락'으로 유형을 나눈 바 있다(이영철 2004;2006;2013). 세 유형 가운데 마한시기에는 일반취락과 거점취락 유형만이 확인되고 있다. 당시의 취락 양상을 이해하기 위해 일반취락과 거점취락 규모의 몇몇 사례를 살펴보겠다.

유적명	분기 구분		취락유형	취락구분	수 계
	1기 BC 2C ~ AD 4C 중엽	2기 AD 4C 중엽 ~5C 중엽			
강진 양유동	●		일반취락	중촌	도암천
광주 명화동	●		일반취락	소촌	평동천
광주 산정동 지실	●		일반취락	소촌	평동천
광주 산정C	●		일반취락	중촌	평동천
광주 신창동	●		거점취락	중촌	본류
광주 용강		●	일반취락	소촌	평동천
광주 용곡A	●		일반취락	소촌	평동천
광주 용두동		●	일반취락	소촌	본류
광주 쌍촌동	●		거점취락	중촌	광주천
광주 일곡동	●		일반취락	소촌	본류
나주 랑동		●	거점취락	중촌	본류
나주 운곡동		●	거점취락	중촌	본류
나주 송월동		●	일반취락	소촌	본류
나주 장동리		●	일반취락	소촌	본류
나주 장동		●	거점취락	중촌	장성천
담양 태목리	●	●	거점취락	대촌	본류
무안 용교	●		일반취락	소촌	서해안

무안 평산리 평림	●		일반취락	소촌	서해안
영암 신연리	●		일반취락	소촌	본류
영암 선황리	●		거점취락	중촌	영암천
장성 대덕리	●		일반취락	소촌	장성천
장성 산정	●		일반취락	소촌	황룡천
장성 야은리	●		일반취락	소촌	황룡천
장성 월산리	●		일반취락	소촌	황룡천
장성 환교		●	거점취락	중촌	황룡천
장흥 갈두	●		일반취락	소촌	탐진강
장흥 봉림리		●	거점취락	중촌	보성강
장흥 상방촌B		●	거점취락	중촌	탐진강
장흥 신월리	●		일반취락	소촌	탐진강
장흥 신풍		●	일반취락	소촌	탐진강
장흥 안골		●	일반취락	소촌	탐진강
장흥 지천리		●	거점취락	중촌	탐진강
진도 오산		●	거점취락	중촌	남해안
함평 국산		●	일반취락	소촌	함평천
함평 대성	●		거점취락	중촌	나산천
함평 신계리 생곡	●		일반취락	소촌	함평천
함평 만가촌	●		일반취락	소촌	나산천
함평 용산리		●	일반취락	소촌	나산천
함평 월야 순촌		●	거점취락	중촌	나산천
함평 주전	●		일반취락	소촌	나산천
함평 반암	●		거점취락	중촌	함평천
함평 성천리 와촌		●	일반취락	중촌	함평천
함평 창서	●		일반취락	소촌	나산천
함평 중랑		●	거점취락	중촌	함평천
함평 소명	●		거점취락	중촌	함평만
함평 표산		●	거점취락	중촌	함평천
해남 군곡리	●		거점취락	중촌	남해인
해남 분토		●	거점취락	중촌	삼산천
화순 용강리		●	거점취락	중촌	지석천

1) 유형별 검토

① 일반취락 구조와 경관

· 영광 마전 취락유적(조선대학교박물관 2003)

마전 취락유적은 9동의 주거지가 어우러진 일반취락으로써 구릉의 동쪽 사면을 무대로 형성되었다. 주거지의 중복관계가 거의 확인되지 않는 것으로 보아 3세기 중엽에서 4세기를 전후한 시점에 운영된 단기성 취락이다. 1호와 2호 주거지의 간격이 매우 좁게 드러난 점을 근거로 할 때 두 세대 정도로 나누어진다. 최초 무주공식 구조를 갖는 2호가 취락 형성기에 축조된 것으로써, 4·6·8호에서도 확인된다. 5동 내외의 주거지가 일정 공지를 두고 개별적으로 이격된 경관은 송국리형 취락유적에서 일반적으로 확인되는 모습과 닮아 있다. 뒤이어 출현한 사주식 주거지는 5동으로 확인되는데, 이 또한 전 단계와 동일하게 일정 공지를 유지하고 주거지들이 단독으로 위치한다.

따라서 마전 취락유적은 주거군을 상정하기 어려운 유형의 경관을 보이고 있으며, 여타의 주거단위들이 전혀 확인되지 않고 있어 매우 단순한 취락 경관을 형성한 일반취락의 예라고 할 수 있다. 이러한 취락 경관을 보이는 사례는 고창과 영광, 장성지역에서 눈에 띤다. 동일 수계에 군동리 분묘유적이 위치하는데, 이를 조성한 거점취락의 하위 세력으로 짐작된다. 와탄천 수계에서 마전 취락유적과 동급의 일반취락은 토기가마 3기가 조사된 군동유적 정도를 상정할 수 있다.

· 장성 야은리 취락유적(호남문화재연구원 2008)

야은리 취락유적은 3동의 주거지가 어우러진 일반취락으로써 황룡강이 내려다보이는 구릉성 산지의 사면부에 자리한다. 주거지의 중복 관계가 없고 일정 간격으로 이격된 점으로 보아 4세기 전후에 운영된 단기성 취락이다. 무주공식의 방형계 주거구조를 갖춘 마한계 주거지로써 점토 부뚜막 I 식을 시설하였다. 또한 주거군이 확인되지 않는 것은 영광 마전 취락의 경관과 닮아있다.

취락 경관과 관련해 확인되는 주거단위는 분묘를 들 수 있는데, 단독묘 (옹관,토광)와 제형분이다. 제형분의 규모가 길이 10m 이상을 유지하고 있어 거점취락 규모로 해석될 여지는 있지만, 제형 고분이 군집되지 않고 단독묘가 다수 확인된다는 점에서 일반취락의 분묘 정황을 보여주는 자료로 판단된다. 영광 마전 취락유적에서는 분묘 내용이 드러나지는 않았지만, 이와 유사한 주거단위를 유지했을 가능성이 높아 보이며, 광주 용강 · 금곡B 취락유적의 경관도 유사하다.

· 광주 오룡동 취락유적(목포대학교박물관 1995)

오룡동 취락유적은 24동의 주거지가 어우러진 일반취락으로써 영산강이 내려다보이는 단독 구릉성 사면부에 자리한다. 주거지의 중첩이 3중 내외로 확인된다. 3세기 후반부터 4세기 중엽까지 지속 운영된 중기성 취락이다. 주거지 평면형태는 방형계 일색이며, 무주공식의 마한계 주거지가 주를 이룬다. 점토부뚜막 I 식(이영철 2013) 노지와 벽구시설 등도 갖추었다. 비교적 넓은 면적의 범위가 발굴조사 되었음에도 불구하고 여타의 주거단위는 확인되지 않는다. 5개소 내외의 주거군이 일정한 공지를 두고 형성되었고, 주거군은 5동 이내의 주거지로 구성된 구조이다. 구릉 정상부 가까이에서 단독으로 확인된 14호 주거지의 규모가 우월하다는 점과 주거군의 수가 많다는 점에서 거점취락 유형으로도 분류할 수 있겠지만, 출토유물의 내용과 주거단위의 내용에서 볼 때 질적 수준은 일반취락의 범주에서 일단 논의하였다. 이와 유사한 취락 경관을 보이는 것은 함평 성천리 와촌 취락유적을 들 수 있다.

· 장흥 신월리 취락유적(목포대학교박물관 2007)

신월리 취락유적은 20동의 주거지가 어우러진 일반취락으로써 탐진강 내륙 산간지를 무대로 형성되었다. 주거지의 중첩이 낮은 편이며, 주거지별 간격을 고려할 때 3세기 중엽에서 4세기 전엽에 지속 운영된 단기성 취락이다. 주거지 평면형태는 방형계 일색이며, 모두가 무주공식의 마한계 주거지이다. 점토 부뚜막 Ⅰ·Ⅱ식 노지를 갖추고 Ⅱ유형의 벽구시설이 일부 확인된다. 이 유적 또한 주거군의 상정이 용이하지 않게 주거지간 간격이 일정하게 유지되어 있다. 주거단위는 단독 옹관묘와 단독 토광묘가 이격된 묘역 공간에서 확인되는 정도이다. 분묘가 단독묘 일색이라는 점과 주거지 내용으로 보아 마한 시기의 일반취락 경관임을 알 수 있다.

② 거점취락 구조와 경관

· 장성 환교 취락유적(호남문화재연구원 2010)

환교 취락유적은 65동의 주거지가 어우러진 거점취락으로써 황룡강으로 뻗어 내린 구릉 사면을 무대로 자리한다. 주거지는 2·3중으로 중첩되었으나 빈도가 높지 않은 편이다. 4세기에 운영된 중기성 취락이다. 주거지 평면형태는 방형계 일색이며, 무주공식도 확인되나 사주식의 마한계 주거지가 주를 차지한다. 노 시설은 점토로 구축한 부뚜막 Ⅰ·Ⅱ식 구조가 대부분이고 벽구 시설 또한 상당수의 주거지에서 확인되어 마한 주거지 요소를 보여주는 대표적 취락유적이라 할 수 있다.

5~10동 내외로 어우러진 주거군이 4개소 이상 확인되며, 주거 공간으로부터 이격된 구역에 분묘를 집단 조영한 거점취락 경관을 갖추었다. 주거군 가운데 규모가 큰 무리 속에는 대형주거지가 자리하는데 입지에서

도 구릉 정상에 자리하고 있어 취락 내 계층 분화 가능성도 염두 되지만 묘역에서 제형 고분의 차별화가 관찰되지는 않는다. 분묘는 주거군과 같이 몇 개의 그룹으로 나누어져 있으며, 모두 전통적인 제형 고분이다. 고

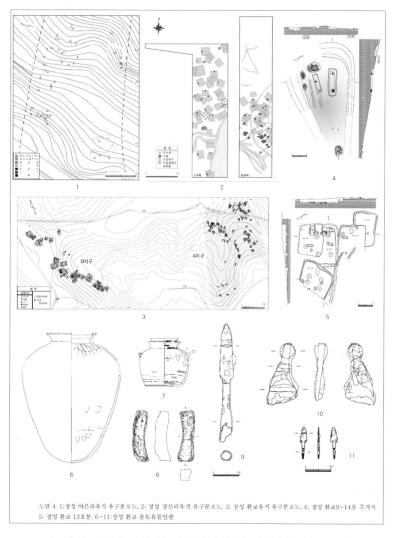

도면 4. 1:장성 야은리유적 유구분포도, 2: 장성 장산리유적 유구분포도, 3: 장성 환교유적 유구분포도, 4: 장성 환교9~14호 주거지 5: 장성 환교 13호분, 6~11:장성 환교 출토유물일괄

〈그림 8〉 장성 환교 취락유적 및 주변 취락유적 관련자료(3~4세기)

분의 그룹화 현상은 주거군과 동일한 양상을 보인다. 5세기에 고분의 조성이 마감되고 단독묘(목관묘)가 축조되고 있어 점차 쇠락해감을 알 수 있었다. (그림 8)

· 장흥 봉림리 취락유적(동신대문화박물관 2013)

봉림리 취락유적은 보성강의 지류인 장평천이 내려다보이는 산 사면을 무대로 61동의 주거지가 어우러져 자리한다. 주거지의 중첩율이 거의 없는 편이다. 4세기 중엽을 전후해 운영된 단기성 취락이다. 주거지 평면형태는 방형계 일색이며, 모두 무주공식 구조를 띤다는 점에서 사주식 주거지가 유입되지 않는 단계임을 알 수 있다. 노 시설은 대부분이 점토로 구축된 부뚜막Ⅰ · Ⅱ식 구조를 띠는데, Ⅰ식보다는 Ⅱ식의 비율이 높은 편이다. 벽구 시설은 33동의 주거지에서 확인되고 있는데, 대체적으로 Ⅱ · Ⅲ유형(이영철 1997)에 속한다. 주거지 면적은 10~20㎡ 전후가 다수를 차지하는데, 이는 연접한 탐진강 수계에서 비슷한 시기에 형성된 장흥 상방촌 · 지천리 · 갈두 취락유적의 주거 면적이 20㎡ 이하를 보인다는 점과 상통된다.

주거군은 5동 내외의 주거지로 구성되어 확인되는데, 8개소 이상이 유지되었다. 주거군 내에서 주거별 편차는 확연하지 않지만 취락 전체를 관장하는 우두머리 존재는 상정이 어렵다. 한편 주거군이 위치한 구릉 정상 지점에 공동창고시설 1동이 자리하고 있다.

· 해남 신금 취락유적(호남문화재연구원 2005)

신금 취락유적은 해남반도 가운데 삼산천 수계가 바라다 보이는 산 사면을 무대로 형성되었다. 주거지의 연접 정도와 중첩율이 확인된다. 3세기 후반에서 4세기 중엽을 전후한 시기까지 72동의 주거지가 운영된 중기성 취락이다. 주거지 평면형태는 방형계 일색이며, 무주공식과 함께 사주식의 마한계 주거지들이 확인된다. 점토로 구축된 부뚜막 Ⅰ · Ⅱ식 노지와 벽구시설을 갖춘다는 점 또한 상통된다. 부뚜막식 노지는 연도의 위치에 따라 Ⅰ식이 6동, Ⅱ식이 14동의 주거지에서 확인된다. 특이한 점은 후자의 연도시설을 갖춘 3동의 주거지에서 철기를 매납한 부뚜막 의례가 확인되었다. 이러한 사례는 함평 중랑, 담양 태목리 취락유적에서도 찾을 수 있다. 벽구시설은 72동 가운데 46동의 주거지에서 확인되며, 이 가운데 29동은 Ⅲ유형에 속한다. 주거 면적은 편차가 있는 편이나, 10~20㎡에 범위에 속하는 것이 일반적이다.

특히 신금 취락유적에서 주목되는 것은 주거지 위쪽 사면으로 구를 두른 구조인데, 이러한 외구시설은 주로 서해안 연안을 따라 나타나는 현상이다. 크게 3개소의 주거군을 상정할 수 있는데 '다군'은 다시 2개의 주거군으로 세분된다. 주거군마다 5동 내외의 주거지들로 어우러진 양상을 확인할 수 있는데, 역시 주거군마다 규모가 약간 큰 주거지가 눈에 띤다. 주거단위는 성격이 불명확한 수혈 이외에 별다른 내용을 찾을 수 없다. 다만 신금 취락유적에서 철정을 비롯한 철기류의 출토율이 높고 함안계 승문호와 같은 외래계토기도 출토된다는 점에서 연안 항로를 통한 정보 유입을 통해 철기 단조품 제작이나 유통에 관여한 세력의 거점취락으로 판단된다.

이러한 취락 유형별 내용을 토대로 마한 시기의 취락 양상을 정리해보도록 하겠다.

먼저 3세기부터 4세기 전반에 운영된 취락 양상을 정리해 보자. 취락은 주거지의 수가 5~10동 내외로 중첩 현상이 거의 없으며, 분묘 또한 단독묘 내지는 저분구 2~3기 정도만이 축조된 경관을 갖춘 경우가 많다.

취락유적은 구릉지나 충적대지를 무대로 형성되며, 주거 형태는 방형계가 절대 다수를 차지한다. 사주식과 무주공식 구조가 함께 확인되지만, 후자가 절대 다수를 차지한다. 주거지는 한 변의 길이가 3~4m를 이루는 경우가 대부분으로 면적은 20㎡ 내외로 확인된다. 노 시설은 점토 부뚜막 Ⅰ·Ⅱ식 구조를 갖추며, 벽구시설은 Ⅰ·Ⅱ유형(이영철 1997)이 많다.

주거지 변의 길이나 면적에서도 알 수 있듯이 주거지별 규모 차이가 드러나지 않는 경향을 띠며, 5동 이내로 구성된 주거군이 복수로 어우러진 규모로 확인된다. 주거지 출토유물을 분석하여 구분한 취락단위의 생산활동 유형(이영철 2013)과 관련해 살펴보면 농경이나 어로, 사냥 등과 관련한 A~D유형이 대부분을 차지하고 있는 것을 알 수 있다.

4세기 후반부터 5세기 전반에 속한 취락은 주거지 수가 10동 내외이거나 그 이상의 수로 어우러지는데, 후자에 속한 거점취락은 대체적으로 중첩율이 높은 편이다.

취락 입지는 전 단계와 동일하게 구릉지나 충적대지를 무대로 형성된다. 주거형태는 절대 다수를 차지하는 방형계와 함께 타원형계도 확인된다. 타원형계 주거지가 어우러진 취락유적은 담양 태목리 취락유적이 대표적이며, 해남 군곡리와 광주 오선동 취락유적의 일부 주거지가 이에 속한다. 주거 구조는 사주식과 무주공식이 병존하지만 앞 단계와는 달리 전자가 주를 이루는 역전 현상이 확인된다. 주거 규모 또한 한 변의 길이가 5~6m 정도로 커지는 경향을 띠면서 면적 또한 40㎡ 내외로 확대되는 양상이다. 노 시설은 역시 점토를 이용해 구축한 부뚜막식 구조가 성행하는데, 직선형보다는 굴절형이 눈에 띠게 늘어난다.

또한 주거지별 규모 차이 또한 일반취락에서는 전 단계와 별반 다르지 않는 것에 반해, 거점취락에서는 일부 차이가 발생하기 시작한다.

생산활동 유형과 관련 내용을 살펴보면 농경이나 어로, 사냥 등과 관련한 A~D유형들은 일반취락에서 대부분 지속됨을 알 수 있으며, 담양 태목리, 해남 분토 취락유적 등과 같이 철제품 단야제작에 관여한 사례나 광주 산정동, 담양 태목리, 영광 군동, 나주 운곡동·도민동, 함평 만가촌 취락유적과 같이 자체 소비 정도를 해결하기 위해 토기 생산에 관여한 F유형의 생산 활동 내용도 전 단계 취락유적으로부터 여전히 지속된다.

Ⅲ. 영산강유역 마한 토호세력의 성격

영산강유역 고대사회는 마한으로부터 백제 국가로 편입되어 가는 과정 속에서 논의된다. 백제 국가로의 편입과정과 시기에 대해서는 일찍이 역사학계의 통설인 4세기 중엽(근초고왕대)설이 유력시되어 왔다. 이후, 고고자료가 증가되면서 편입시기와 관련한 이론이 주장되고 있는데 크게 5세기 중엽설, 5세기 후반·말설, 6세기 중엽설로 구분된다. 6세기 중엽까지도 독자적인 정치체 (마한)세력이 존재하였다는 주장은'옹관'이란 독특한 묘제의 존속시기를 주요 근거로 삼았다. 반면, 5세기대 편입설은 주거유형과 취락 경관의 변화 내지는 토기자료 그리고 한성백제의 멸망과 같은 대사건에 주목하였다. 백제로의 편입시기에 관한 논의가 분분하듯이, 백제 지방화 내지 지배방식 또한 직접지배, 간접지배, 공납적지배, 면지배, 점지배, 선지배 등과 같은 용어를 통해 영산강유역 세력의 정치적 독자성을 나름 설명하려는 주장들이 펼쳐지고 있다.

백제와 영산강이 위치한 한반도 서남부지역과 일본열도의 국제 관계는 삼한 이전부터 형성되어 왔다. 양 지역의 관계는 교환(시장이나 상인을 매개로 하는 물자 이동)으로부터 교류(경제·문화적 활동), 교역과 교섭(국과 국 사이에 이루어진 공식적 성격을 갖는 물자 이동. 정치·군사·외교적 활동) 등과 같은 성질의 변화 속에서 진행되었다(노중국 2015).

이 장에서는 마한 토호세력들의 성격을 시간의 흐름에 따라 변해가는 내용으로 정리해보고자 한다. 즉 기원후 3~6세기에 걸쳐 진행된 지역·국가 간 상호관계의 성격과 내용을 주거와 취락자료를 통해 통시적으로 살펴보겠다. 또한 상호관계의 성격 규명은'교환-교류-교역과 교섭'이라는 관점에서 구분 정리하겠다. 이는 영산강유역 마한 토호세력의 성격을 확인함과 동시에 백제 국가의 영향력 확대에 따른 지방(지역)사회의 관계 변화과정을, 나아가서는 일본열도 세력과의 관계 내용도 추적해 정리했다(이영철 2016).

1. 3세기 중엽 ~ 4세기 전엽

1) 주거와 취락 구조

주거지는 마한 고토 지역에서 가장 유행한 방형의 평면형태를 기본적으로 유지한다[1]. 주거 내부구조는 무주공식에 무시설 노를 갖춘 유형에 점토부뚜막을 시설한 사주식 구조가 출현한다. 점토부뚜막 위치는 북벽과 서벽 중앙을 선호하였으며, 맞은편 벽면에 수혈식 출입구를 만들었다. 주거 규모는 3~4m(20㎡) 내외의 소형급이 주류인데, 주거 간 규모 차이는 미약하였다. 취락은 5동 내외로 구성된 주거군 단위가 단·복수 형태로 어우러진 소촌과 중촌 규모(이영철 2013)로 형성되었다. 취락은 구릉과 곡간대지 그리고 강안 충적지에 입지하여, 농업과 어업 등의 일차산업적 생산활동에 주력하였다. 다만, 영산강 본류의 강안 충적지에 자리

---

1) 해남 군곡리와 담양 태목리유적에서는 전남 동부지역 주거유형인 타원형 주거지가 일부 확인되기도 한다.

한 취락 가운데에는 대촌 규모의 거점취락(담양 태목리, 장성 장산리유적 등)도 형성되어, 광역적 범위의 시장이 형성되기도 하였다. 소촌보다 상대적으로 인구 밀집도가 높은 거점취락(중촌·대촌)은 주거구역과 분묘·생산구역이 구분된 경관을 갖추어 나갔다.

2) 지역단위체 구조와 관계

영산강유역에서는 중·상류역 본류와 소하천(지류)를 무대로 지역단위체들이 출현한다. 지역단위체를 구성하는 취락 간에는 수평적 구조가 유지되지만, 일부에서는 마한 소국의 중심읍락(담양 태목리유적)도 확인된다. 그러나 중심읍락이 확인된 지역단위체 또한 주변취락과의 관계에서 상하적 구조를 갖춘 단계에는 이르지 못하였다. 주거군 단위로부터 취락, 지역단위체의 내부 구성원들은 우월자 group과 일반인으로 구분할 수 있는 이분적 관계가 확인되나, 계급이나 계층을 논할 수 있을 정도의 모습은 찾기 어렵다. 중심읍락도 1인 우월자(우두머리)가 주도하기 보다는 복수의 대표자 group에 의해 공동 운영되었다. 취락에서 드러난 사회구조는 다장 전통의 제형 고분이 축조된 분묘 내용에서도 일치된다. 고분은 목관 계열의 토광묘가 주류를 차지하다 점차 합구식 전용옹관으로 대체되었다.

3) 지역 간 문화양식과 상호관계

무주공식과 무시설식 노를 갖춘 방형의 현지 주거 유형에 금강(천안지역)유역에서 초현한 사주식과 점토부뚜막 주거구조가 유입된 시기이다. 서해안 해상교통로를 통해 고창, 영광지역으로 선 유입된 이래 영산강 내륙으로 확산되어 간다. 청당동형·관창리형 주구토광묘 집단과의 관련성이 지적되었다. 고창 만동유적에서 확인된 청당동형 주구토광묘와 이

혈합장묘, 철정 등은 금강유역과의 관계를 보여주는 대표적 자료라 할 수 있다. 이중구연호와 양이부호 또한 금강유역 마한 세력과의 문화양식을 이해하는데 귀중한 토기 기종으로 판단된다. 이 토기 기종은 점토부뚜막을 갖춘 주거유형과 더불어 일본열도 북부구주(西新町遺蹟)지역과의 관계 정황을 보여주는 고고자료이기도 하다. 광주 금곡유적B에서 출토된 土師器 고배 또한 영산강유역과 금강유역 그리고 일본 북부구주 지역 간의 상호관계 형성을 뒷받침해 주는 것이다. 광주 신창동(彌生土器), 해남 군곡리(貨泉) 단계 이래로 지속된 간헐적인 지역 간 관계망이 여전히 유지되어 갔다[2].

이 시기 영산강유역에서는 백제 왕권과의 관계를 상정할 수 있는 자료가 확인되지 않고 있다. 반면, 공히 마한에 뿌리를 둔 금강유역과 영산강유역 지역사회의 관계망이 전개되고, 경남 남해연안을 따라 일본열도까지 이어지는 서남해안 관계망이 형성되는 시기이다. 광역 단위로 형성된 관계망은 교환과 교류 수준 정도에서 구축되었다. 정치적 관여에 따른 교역과 교섭 수준의 관계망이 구축되었다고는 보기 어려운 상황이다. 따라서 한반도 서남부와 일본열도 사이의 광역적 관계망 형성을 주도한 집단은 지역단위체[3]를 운영했던 세력들로 판단되며, 영산강유역의 경우 특정한 중심세력이 주도하지는 못한 것으로 이해된다. 영산강유역과 일본열도 간 교류의 비대칭성 문제(武末純一 2010)를 지적한 이유도 이러한 정황 속에서 이해된다. 금강유역 → 영산강유역 → (경남 남해연안) → 일본

---

2) 西新町遺蹟 도래계토기는 북부구주 지역과 호남지역의 교역을 위한 일시적인 이주 결과로 이해하였다(吉井秀夫 2003, 서현주 2004). 광주 신창동 출토 북부구주 토기편(彌生 中期), 남원 세전리 출토 북부구주계 세경호(彌生 後期)와 군산 여방리패총 출토 土師器系 토기, 고창 장두리 출토 직구호 등 4세기 전반 관련 자료(서현주 2009)도 동일한 배경 속에서 이해된다.

3) '동이마한신미제국'(晉書 張華列傳 282년) 기사와 관련된 역사적 실체가 상정된다.

구주·기내?[4]지역으로 진행된 문화양식의 전이는 교환이나 교류 수준에서 전개되었다. 한편, 영산강유역과 일본열도와는 고분 장송의례와 관련된 정보(蓋形토제품) 교환도 시작되었다.

2. 4세기 중엽 ~ 5세기 전엽

1) 주거와 취락구조

주거지는 점토부뚜막을 갖춘 사주식 구조가 영산강유역 지역사회에 확산되어 일반화된다. 주거 규모는 3~4m(20㎡) 내외의 소형급과 더불어 5~6m(40㎡) 내외의 중형급이 축조되면서 주거 간 규모 차가 발생된다. '동지주식'벽주 주거지[5](이영철 2013)가 새롭게 출현하며, 점토부뚜막 구조(ㅣ·ㄱ·ㅜ자형)도 다양해진다. 주거지 내부에는 타원형구와 같은 작업시설이 갖추어지면서, 가내 작업활동이 보다 활발해진다. 취락은 소촌의 수가 줄어든 반면, 중촌과 대촌 규모로 확대되는 변화가 일반화된다. 취락은 전 시기와 동일한 입지조건을 여전히 선호하지만, 구성원 중 일부가 원재료를 정제·가공하는 이차산업에 관여하는 정황이 나타난다. 해상교통로의 주요 기항지를 배경으로 성장한 거점취락은 철 소재 구입을 선점함으로서 지역단위체의 우월적 집단으로 등극한다.

2) 지역단위체 구조와 관계

동일 수계를 무대로 결집된 지역단위체 내의 세력 간에 우열적 관계가

---

4) 4세기대 유적으로 알려진 大阪部 久保寺 24차NR031002 대하천에서 출토된 양이부개를 고창 남산리유적 등 호남지역 출토품과 유사하다는 연구가 있다.

5) 부뚜막 맞은편의 출입구 부분을 돌출시켜 목주를 세운 구조로 '凸'자형주거지와 유사한 구조이다. 한강유역에서는 '凸'자형주거지와 공존하며, 호서·호남지역에서는 4세기 중엽 전후로 출현한다.

형성된다. 지역단위체를 대표하는 거점취락 아래로 하위취락이 형성되는데, 보통은 단일 거점취락에 복수의 하위취락으로 구성된다. 수직적 구도로 탈바꿈하는 취락 간 구도변화의 원인은 철 소재의 우선적 선점에서 찾아진다. 거점취락 운영은 여전히 복수의 우월자(우두머리) group에 의해 공동 운영되는 이전 단계의 모습이 지속된다. 지역단위체마다 우월적 집단이 출현함에도 불구하고, 영산강유역 전체를 대표하는 광역적 수장의 출현은 가시화되지 못하였다. 다만, 영산강 하류(영암 시종, 나주 반남 등)와 중류(함평 월야), 상류(담양 대전) 그리고 서남해 연안(고창, 함평, 무안, 해남 등)에서 복수의 지역단위체를 대표하는 수준의 권역단위체가 결성되었을 개연성은 찾아볼 수도 있다. 고분은 옹관이 주류를 차지하는 다장 제형 분구가 확산되는데, 거점취락을 중심으로 분구를 확장시키는 현상이 두드러진다.

3) 지역 간 문화양식과 상호관계

4세기 중엽 이후, 변화의 속도가 높아진 영산강유역 고고자료는 대부분의 연구자들이 백제 근초고왕의 남정과 관련해 원인을 찾고 있다. 특히, 경질토기의 확산이라는 새로운 토기양식의 수립은 일상토기의 변화에도 커다란 영향을 끼쳐 부뚜막 구조의 다양화를 꾀하는 계기가 되었다. 경질토기와 더불어 사회 구조의 변화까지를 유도한 결정적 자원은 철 소재였다. 철정과 같은 철 자원의 확보는 거점취락의 질적 성장을 가속화시킴과 동시에 지역사회의 문화양식과 구조까지 변모시켜 나갔다. 철 자원의 확보 문제는 비단 영산강유역에 국한되지 않았으며, 각 지역·광역적 단위는 물론이고 국가적 차원에서도 관심 대상이었다.

한편, 400년 고구려 광개토대왕의 남정은 백제 왕권에게도 상당한 위기를 불러일으켜, 가야와 일본열도 세력과의 외교 강화를 요구하였다. 따라서 한반도 서남부지역과 일본 북부구주 세력 사이에 형성된 이전 시기의 관계망은 성격 전환이 불가피하였다. 주요 해상교통로를 배경으로 성장한 지역단위체 주도의 관계망에서 국가 왕권 주도의 서남해 연안 항로 network 구축이 새롭게 진행되었다. 5세기 전엽 한반도 서남해 연안에 축조된 왜계고분(이정호 2014)의 배경을 이해할 수 있는 정황이다. 교환이나 교류의 차원이 아닌 국가와 국가(국) 차원에서 진행된 공식적 물자 이동, 정치·군사·외교적 활동에 수반된 교역과 교섭 network가 시작된 것이다. 한강에 자리한 백제 중앙으로부터 한반도 서남해 연안을 따라 경남 남해연안 그리고 일본열도로 이어진 안전한 해상교통로의 구축은 network 상에 관여된 지역사회의 질적 변화를 꾀하는 계기가 되었다. 영산강유역 주요 기항지를 중심으로 거점취락 세력들이 급격히 성장한 배경 또한 여기에 있다.

이 시기 상호관계에서 주목되는 점은 물질문화의 방향성이다. 금강유역 → 영산강유역 → 아라·소가야(경남 남해연안) → 일본 구주·기내 지역으로 전개되었던 문화양식의 방향성이 역전된 모습으로 나타났다. 특히 가야지역으로부터 영산강유역으로 고고자료의 유입이 두드러지는데[6], 일본열도와의 관계[7]에서는 이러한 수준까지 도달하지 못하고 있다. 이 같은 정도의 차이는 영산강유역 세력이 독자적 행보를 통해 교역과 교섭 같은 정치적 활동을 전개하지 못했음을 방증해주는 것이다. 4세기 후반 산청 하촌리, 창녕 계성리, 거제 아주동유적 등 가야지역으로 이주한

---

6) 영산강유역 경질토기 출현과 철 자원의 확보 root와 관련해, 금강유역 세력과의 관계를 배제한다는 의미는 아니다. 금강유역은 4세기 후반에 이미 백제의 지방사회로 편입되었기 때문에 가야지역에 한정된 방향성만을 논의할 수는 없을 것이다.

7) 畿內지역에서 자료가 증가하는 양이부호와 완, 자비용기 등은 5세기 전엽~중엽 경의 자료가 많은 편인데, 영산강유역보다는 호서지역과의 관련성이 크다(서현주 2015).

마한 · 백제인 또한 지역 간 교류 관계망 속에서 이동 · 정착한 이들로서 경제 · 문화적 활동의 증거이다. 이전 시기부터 영산강유역과 일본열도 간에 교환된 고분 장송의례 정보는 해상교통로를 따라 금강 하류까지도 확대되었다[8].

IV. 맺음말

지금까지 영산강유역에서 조사된 취락유적 자료를 토대로 마한 토호 세력들의 성격을 살펴보고자 하였다. 마한 고토 지역에서 국가의 성립이 가시화되는 격변기에 운영되었던 취락 가운데에는 마한 소국의 중심 읍락이나 일반 읍락의 경관과 사회구조를 복원할 수 있는 거점취락도 존재하였으며, 일반취락도 복원되었다. 이들 취락 유형에 대한 검토 결과, 주거지나 주거단위의 종류와 수의 차이는 거듭 확인되었다. 적게는 십 여동의 주거지로부터 많게는 수천동의 주거지가 하나의 취락을 형성하기도 하였다. 이러한 정도의 차이를 토대로 문헌에 기록된 소국의 국읍, 읍락, 별읍, 촌락(촌 · 락)의 실체와 관련짓는 것은 큰 무리가 없어 보였다. 물론 "읍락이 이 유적이다." "별읍이 이 유적이다."라고 단정할 수는 없을 것이다. 우리가 조사하는 고분의 주인공이 누구인지를 모르는 것처럼 말이다. 고분 피장자의 사회적 위치가 절대적인 환경이었다면, 분명 생활구역에 마련된 수많은 주거단위 가운데 이를 입증할 만한 증거들이 확인되어야

---

8) 彌生 中期 愛知縣 眉臟 남부지역에서 출현해 서일본 近畿지역과 北部九州지역으로 확산된 圓窓部土器는 진도 오산리, 곡성 오지리, 함양 화산리, 산청 소남리, 김해 부원동 B지구 패총 등지 출토되고 있는 유공토기와 비교(김경칠 2006, 서현주 2009) 할 수 있어, 일상의례 교환 정보자료로 검토 가능하다.

할 것이다. 그러나 기원후 3~4세기 취락유적에서는 이를 추적하기가 쉽지않았다. 마한시기 취락 경관 속에서 특정한 공간에 차별화된 외관을 갖춘 주인공의 거주지는 확인되지 않고 있다. 이러한 현상이 무엇을 말하고 있는지를 살펴야 한다.

마한 시기의 취락 연구 목적 중 하나는 당시 사회구조를 이해하는데 있다. 발표문에서 정리한 결론 내용 중에는 고분 자료 중심의 연구 결과와 다소 상이한 부분이 있다. 이 발표에서 주로 분석한 취락자료들은 마한 사회의 정치·문화적 색체가 가장 안정적으로 유지된 기원후 3~4세기 것이다. 5세기 이후의 자료를 함께 논하지 않는 이유는 국가로 성장한 백제의 영역 확장과 주변 국가들의 지역사회 통합화가 본격적으로 진행되는 시기임에 따라, 마한사회의 정체성이 가장 안정된 시기의 자료에 주안점을 두었으며, 4장에서 백제 국가 등의 주변 정세와의 관계 성격을 일부 요약 정리했음을 밝힌다.

【참고문헌】

강귀형, 2013,『담양 태목리취락의 변천 연구』, 목포대학교대학원 석사학위
　　　논문.

김경칠, 2006,「유공호형토기 일고」,『백제문화』35, 공주대학교백제문화연
　　　구소.

김낙중, 2009,『영산강유역 고분 연구』, 서울대학교대학원 박사학위논문.

김낙중, 2012,「영산강유역 고대사회의 성장과 변동과정-3~6세기 고분자료
　　　를 중심으로」,『백제와 영산강』, 학연문화사.

김낙중, 2013,「5~6세기 남해안 지역 왜계고분의 특성과 의미」,『호남고고학
　　　보』45, 호남고고학회.

김승옥, 2000,「호남지역 마한 주거지의 편년」,『호남고고학보』11, 호남고고
　　　학회.

김승옥, 2013,「취락으로 본 전남지역 마한 사회의 구조와 성격」,『전남지역 마
　　　한제국의 사회성격과 백제』2013년백제학회국제학술회의, 백제학회.

노중국, 2015,「가야와 마한, 백제의 교류」,『가야와 마한 · 백제-1,500년 만의
　　　만남』, 복천박물관.

서현주, 2004,「4~6세기 백제지역과 일본열도의 관계」,『호서고고학보』11, 호
　　　서고고학회.

서현주, 2006,『영산강유역 고분 토기 연구』, 학연문화사.

서현주, 2009,「마한 · 백제지역의 대왜관계-유물을 중심으로」,『백제와 마
　　　한』, 백제학회.

서현주, 2015,「고대 일본 출토 전남지역 관련 토기 연구」,『고대 전남지역 토
　　　기제작기술의 일본 파급 연구』, 왕인박사현창협회.

이영철, 2004,「옹관고분사회 지역단위체의 구조와 변화」,『호남고고학보』20,

호남고고학회.

이영철, 2006, 「영산강유역 삼국시대 취락연구의 현황과 과제」, 『한일취락연구의 현황과 과제』, 한일취락연구회.

이영철, 2009, 「백제 수취취락의 일례」, 『현장고고』1, 대한문화유산연구센터.

이영철, 2011, 「영산강 상류지역의 취락변동과 백제화 과정」, 『백제학보』6, 백제학회.

이영철, 2011, 「호남지역 취락의 변천과 지역단위체의 성장」, 『호남지역 삼국시대의 취락유형』제2회 한국상고사학회워크숍, 한국상고사학회.

이영철, 2013, 「호남지역 원삼국~삼국시대의 주거 · 주거군 · 취락구조」, 『주거의 고고학』제37회 한국고고학전국대회, 한국고고학회.

이영철, 2014, 「백제의 지방지배-영산강유역 취락자료를 중심으로」, 『2014 백제사연구 쟁점 대해부』2014-8월 백제학회정기발표회, 백제학회.

이영철, 2015, 「지방도시의 성립과 전개-5~6세기대 호남지역의 사례를 중심으로」, 『한국고대사회의 공동체』제17회한국고대사학회하계세미나, 한국고대사학회.

이영철, 2016, 「담양 태목리 · 응용리 태암유적의 성격과 가치」, 『담양 태목리 · 응용리 태암유적 국가사적 지정추진 국제학술세미나』, 담양군 · 대한문화재연구원.

이영철, 2016, 「취락으로 본 영산강유역 · 백제 · 왜」, 『고대 일 · 한 교섭의 실태』, 국립역사민속박물관.

이정호, 2014, 「신안 배널리고분의 대외교류상과 연대관」, 『고분을 통해 본 호남지역의 대외교류와 연대관』제1회고대고분국제학술대회, 국립나주문화재연구소.

한옥민, 2010, 「분구축조에 동원된 노동력의 산출과 그 의미 -영산강유역권 옹관고분을 중심으로」, 『호남고고학보』34, 호남고고학회.

吉井秀夫, 2003, 「土器資料를 통해 본 3~5世紀 百濟와 倭의 交涉關係」, 『漢城
　　期 百濟의 物流시스템과 對外交涉』, 漢神大學校學術院 第1回國際學
　　術大會.

武末純一, 2010, 「日本 九州地域 古墳時代 聚落調査 및 研究現況」第3回招請
　　講演會, 大韓文化遺産研究セソター―.

土田純子, 2011, 「日本出土 百濟(系)土器:出現과變遷」, 『百濟研究』54, 忠南大
　　學校百濟研究所.

토기 생산유적으로 본 고대 영산강유역

서현주 (한국전통문화대학교)

Ⅰ. 머리말

고대 영산강유역[1]은 독특한 토기들이 나타나는 지역으로 잘 알려져 있다. 고대의 상당한 시간동안 이중구연호, 양이부호, 유공광구소호, 개배 등 토기 종류나 형식에서 다른 지역과 차이가 난다. 이러한 토기를 생산했던 생산유적은 최근까지 상당수 발견되고 있는데 3~7세기에 해당하는 토기 생산유적의 수가 20여곳에 이른다. 그 중에는 영산강유역의 특징적인 유물인 전용옹관인 대옹을 소성했던 요지도 있다. 이러한 조사에 힘입어 영산강유역의 토기 생산유적에 대해서는 상당한 연구성과가 축적되었고(이정호 2003, 박수현 2005, 이지영 2008·2015, 정 일 2008a·b), 백제의 토기나 기와 생산유적을 다룰 때에도 함께 다뤄지기도 하였다(崔卿煥 2010).

토기 생산유적은 소비유적에서의 양상과 달리 유물의 편년이나 그 지역의 토기문화를 더 직접적으로 보여준다고 할 수 있다. 이를 구명하기에 아직 영산강유역의 토기 생산유적 자료가 충분한 것은 아니지만, 5세기대 요지들이 많아 당시 상황을 좀 더 세밀하게 살펴볼 수 있으며 나주 신도리 도민동유적 등 최근 조사 자료에는 계통적으로 須惠器(스에키)와 관련되는 요소도 있어서 토기도 함께 검토될 필요가 있다고 판단된다.

본고에서는 먼저 최근 조사 자료를 포함시켜 영산강유역의 마한~백제에 해당하는 특징적인 토기의 생산유적을 3~4세기대, 5~7세기대로 나누어 정리하였다. 이러한 생산유적의 존속 기간, 요의 형태 등도 고려하면서 출토 토기를 중심으로 요지의 조업 시기를 단계적으로 살펴본 후 지역

※ 이 논문은 전라남도문화관광재단이 주관한 '영산강유역 마한사회의 여명과 성립을 주제로 한 학술대회(2018.11.23)'의 발표 내용을 수정·보완한 것이다.
1) 여기에서 다루는 영산강유역의 지역 범위는 영산강 본류와 지류뿐 아니라 비슷한 양상을 보이는 해남, 영광과 전북 고창 지역을 포함한다.

적, 계통적인 차이 등도 파악하면서 이에 반영된 영산강유역 마한사회의
성격을 살펴보고자 한다.

Ⅱ. 영산강유역 고대 토기 생산유적의 현황

고대 영산강유역의 토기 생산유적은 출토되는 토기 종류에 따라 크게
3~4세기와 5~7세기로 구분할 수 있다.

1. 3~4세기대

현재까지 확인된 3~4세기대에 해당하는 토기 생산유적은 10여곳으로
고창부터 해남 지역까지 넓게 분포한다(표 1, 도면 1). 이 유적들에서는
대체로 회색계 연질이나 경질의 편구형 원저단경호, 완, 적갈색계 연질의
심발형토기, 장란형토기, 동이(주구토기) 등이 출토되었다.

〈표 1〉 영산강유역 3~4세기대 토기 생산유적 현황

유적명	토기요지와 관련시설	출토유물	동일 시기 유구들	참고문헌
고창 남산리유적	토기요지 1기, 폐기장 1기	소옹 구연부편, 광구평저호편(폐기장)	수혈주거지 5기	전북문화재연구원·한 국도로공사 담양건설사 업소 2007
고창 성남리유적 V-A구역	토기요지 3기, 폐기장 1기, 지 상건물지 4기	완, 양이부호, 단경호, 심발 형토기, 토제내박자, 도지미- 쐐기형토제품 등	-	최완규·조규택 2006
영광 원흥리 군동유적	토기요지 3기, 구덩이(폐기장 추정) 2기	완, 단경호, 이중구연호, 심 발형토기, 장란형토기, 시루, 동이, 토제내박자, 도지미-쐐 기형토제품(ㄴ자형), 장고형 토제품 등	수혈주거지 1기, 도랑유구 2기	이기길·김선주·최미 노 2003

함평 예덕리 만가촌고분군 (요지)	토기요지 2기, 수혈 1기	완, 단경호, 심발형토기, 장란형토기, 시루, 동이, 소옹, 토제내박자 등	수혈주거지들 7기	林永珍·趙鎭先·徐賢珠·宋恭善 2004
함평 소명유적	토기제작관련 수혈 1기, 관련 수혈주거지 1기 (100호 주거지)	심발형토기, 단경호, 토제내박자 등(수혈주거지에서 도지미편)	수혈주거지 100여기	林永珍·李昇龍·全炯玫 2003
담양 태목리유적	토기요지 1기	완, 심발형토기, 장란형토기, 토제내박자, 토제방추차 등	수혈 주거지들	湖南文化財研究院·韓國道路公社 2007
광주 산정동유적[2]	토기요지 4기	완, 단경호, 심발형토기, 장란동이, 소옹, 양이부개, 도지미-쐐기형토제품(단면 방형 포함) 등	10여기의 주거지들(46호,51호 등)	湖南文化財研究院·光州廣域市都市公社 2008a
광주 신창동유적	IV지점:소성유구 1기(말각 방형 또는 장방형)	타날문토기편, 도지미-쐐기형토제품(단면 제형, 방형)	수혈주거지 7기, 수혈유구 1기, 구상유구 등	申相孝·李宗哲·尹孝男 2007
광주 하남3 지구 유적	토기요지 3기 (2,3,4호)	4호:호, 장란형토기, 심발형토기, 대옹편, 도지미-쐐기형토제품 등	-	한강문화재연구원·광주광역시 2017
나주 운곡동유적	II지구:토기요지 2기 III지구:토기요지 1기	II:심발형토기, 토제내박자, 대옹편 III:완, 단경호(무문 다수), 소옹, 대옹, 심발형토기, 장란형토기, 파수부토기, 시루, 양이부개, 파배, 토제내박자, 도지미-부정형토제품 등	수혈주거지 18기 수혈주거지 5기	金貞愛·李志映·韓鈗善·朴秦泳 2009
나주 신도리 도민동 유적[3] (3C지구, 4A 지구 일부)	3C지구:토기요지 2기 4A지구:토기기마 2기(1,4호)	3C:완, 단경호(유뉴), 파수편, 토제내박자, 도지미-쐐기형토제품 등 4A(1,4호):단경호, 대옹편, 심발형토기, 장란형토기, 파수편, 도지미-낮은 쐐기형, 원반형 토제품, 장고형제품 등	수혈 주거지들	조근우 외 8인 2014
나주 송림리 송촌요지	토기요지 1기, 수혈 3기	완(외반), 장경소호, 단경호, 도지미-쐐기형토제품, 부정형토제품 등	-	이정호 외 4인 2013
해남 군곡리패총 (요지)	토기요지 1기	심발형토기, 장란형토기, 원반형토제품	-	崔盛洛 1989

2. 5~7세기대

영산강유역의 5세기 이후 토기 생산유적은 현재까지 고창, 광주, 나주 지역 등에서 확인된다(표 2, 도면 1). 주로 회색계 경질의 낮은 완(B형)이나 개배, 고배, 구형의 단경호, 적갈색계 연질의 심발형토기, 토제아궁이틀 등이 출토되었다. 그 중에는 개배의 형식이나 대상파수부토기의 존재로 보아 백제 사비기로 볼 수 있는 자료도 포함되어 있다.

〈표 2〉 영산강유역 5~7세기대 토기 생산유적 현황

유적명	토기요지와 관련시설	출토유물	동일 시기 유구들	참고문헌
고창 운곡리유적	토기요지 1기 (요지 더 있을 것으로 추정)	개(보주형꼭지 포함), 삼족배, 개배, 직구호, 단경호, 병, 완, 시루 등	-	全榮來 1984
고창 중월리유적	추정 요지 (목탄포함층에서 토기 출토)	개배, 고배, 유공광구소호, 소호, 단경호, 횡병 등	-	圓光大學校 馬韓·百濟研究所·全羅北道 1984
광주 비아유적	토기요지 2기, 회구부로 추정되는 구상유구 2기	완, 유뉴식개, 개(양이부 포함), 소호, 단경호, 심발형토기, 토제아궁이틀, 도지미-쐐기형토제품 등	수혈주거지 4기	湖南文化財研究院·益山地方國土管理廳 2007
광주 세동유적	폐기장(추정)[4] 1기(5호 수혈)	완, 단경호편, 개배편, 유공과구소호, 고배, 직구호, 시루, 도지미-쐐기형토제품, 부정형토제품 등	수혈주거지 9기, 수혈 4기 등	全南文化財研究院·光州廣城市 建設管理本部 2006

---

2) 광주 산정동유적 보고서에서는 토기요지의 시기를 5세기 후반으로 보았지만(호남문화재연구원 2008, 392쪽), 토기 기종 구성으로 보아 이 단계에 속하는 것으로 판단된다.

3) 나주 신도리 도민동유적에서는 지구를 달리하여 토기요지가 모두 12기가 확인되었다. 그 중 3B지구에서 확인된 토기요지 1기는 유물이 전혀 확인되지 않아 시기를 잘 알 수 없다.

4) 5호 수혈은 바닥에 회백색 점토가 깔리고 토제 도지미 등이 출토되어 폐기장으로 추정 보고되었다.

광주 용두동유적	토기요지 2기	개배와 고배, 단경호, 장란형토기와 심발형토기, 토제아궁이틀, 도지미(추정)-석재	수혈주거지 8기	林永珍·趙鎬先·李廷珉·姜銀珠 2010, 『光州龍頭洞遺蹟』
광주 신창동유적	Ⅰ지점:토기요지 1기	완, 단경호 등	-	申相孝·李宗哲·尹孝男 2007
광주 하남3지구 유적[5]	토기요지 1기 (1호)	소옹 구연부편, 도지미-쐐기형토제품(단면 제형 포함), 석재 등	수혈 주거지들	한강문화재연구원·광주광역시 2017
광주 행암동요지	토기요지 22기, 폐기장 1기, 수혈 4기	완, 개배, 고배, 삼족배, 단경호, 소호, 유공광구소호, 양이부호와 개, 직구호, 파배, 기대, 심발형토기, 장란형토기, 시루, 파수부동이, 토제아궁이틀, 도지미-쐐기형, 반원통형, Y자형과 낮은대각형, 부정형 토제품, 장고형토제품, 석재, 토기편, 모래 및 점토 등	-	全南文化財研究院 2011
나주 신가리 당가유적	토기요지 7기, 공방지 5기	개배, 유개식과 무개식 고배, 삼족배, 유공광구소호, 소호, 단경호, 직구호, 병, 심발형토기, 토제아궁이틀 등	-	이정호·박철원·이수진 2003a
나주 석전리유적	토기요지 1기	개배, 단경호, 대형개, 토제아궁이틀	수혈유구 4기, 구상유구 1기, 주혈유구 1기	이정호·박철원·이수진 2003b
나주 동악리 황동유적	토기요지 2기, 작업공간 수혈 4기	완, 단경호, 직구소호와 개, 양이부호, 발형기대, 대옹, 토제내박자, 토제마, 도지미-쐐기형토제품,장고형토제품 등	-	최성락·정영희·김영훈·정혜림 2012
나주 신도리 신평유적	토기요지 4기, 공방지 1기 -1지구:토기요지 2기(대한) -2A지구:토기요지 2기, 수혈주거지(공방지) 1기	-1:완, 단경호, 토제아궁이틀, 도지미-쐐기형토제품(단면 방형 포함) 등 -2A:개배, 고배, 단경호, 심발형토기, 장란형토기, 시루, 토제아궁이틀 등	수혈 주거지들	李映澈·朴泰洪·朴聖誕 2013 조근우 외 8인 2014

나주 신도리 도민동유적 (2C지구, 4A 지구 일부)	-2C지구:토기 요지 5기, 주거 지(공방 추정) 1기 -4A지구 2기 (2,3호) 등	-2C:완, 개배, 고배, 양이부 개, 단경호, 기대, 심발형토 기, 장란형토기, 파수부토기, 토제아궁이틀, 토제내박자, 도지미-쐐기형토제품, 반원 통형토제품, 장고형토제품 등 -4A:완, 심발형토기, 직구원 저호(경질,타날문), 토제아 궁이틀, 도지미-쐐기형제품 등	수혈 주거지들	조근우 외 8인 2014
나주 오량동 요지	토기(대옹포 함)요지 5기	완, 개배, 단경호, 소호, 대 옹, 주구부동이, 도지미-대옹 편 등	-	최성락·이정호·박철 원·이수진 2004
	1~4차 : 토기 (대옹포함)요 지 8기, 폐기장 1기 5~6차 : 토기 (대옹포함)요 지 8기, 폐기장 1기 7~8차 : 토기 (대옹포함)요 지 4기, 공방지 2기, 도로유구, 구상유구 3기	-요지:완, 개배, 단경호, 소 호, 양이부개, 대옹, 주구부 동이, 시루, 도지미-대옹편, 원통형토제품 등 -1호 공방지:개배 소호, 연질 고배, 심발형토기, 장란형토 기, 토제아궁이틀 등 -2호 공방지 : 대상파수부토 기, 자배기(추정), 시루, 기와 편(집선문)	-	국립나주문화재연구소 2011 국립나주문화재연구소 2012 국립나주문화재연구소 2017
나주 장산리 장사유적	토기요지 1기	개배, 심발형토기	-	馬韓文化研究院·(재) 나주미래산단 2015
나주 월양리 구양유적	소성유구 1기	개배, 호, 심발형토기	수혈 주거지들	호남문화재연구원·전 라남도 2018
화순 삼천리유적	토기(기와 포 함)요지 1기	기와(격자문), 단경호, 장란 형토기 등		대한문화재연구원 2018

---

5) 광주 하남3지구유적의 토기요지 중 따로 떨어져 있는 1호 요지는 연질의 소옹편 을 제외하면 도지미들만 출토되어 시기를 추정하기 쉽지 않다. 요지는 3~4세기대 수혈주거에 후행하고 주변에서 5세기대 주거지들이 확인되어 이 단계로 추정 하였다.

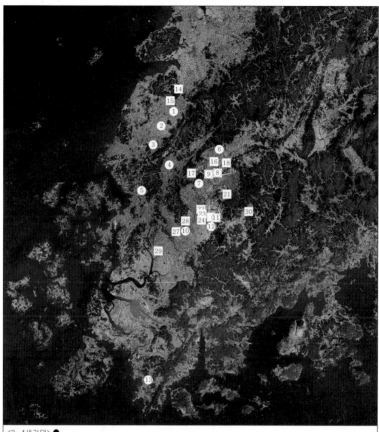

〈도면 1〉 고대 영산강유역 토기 생산유적의 위치(네이버 지도 이용)

Ⅲ. 토기 생산유적의 단계 설정과 지역적 차이

1. 조업 시기와 단계 설정

앞 장에서 영산강유역의 3~7세기대 토기 생산유적의 요지를 포함한 유구와 출토유물 현황을 간단하게 표로 정리해 보았다. 영산강유역에서도 노천요와 대비되는 실요 또는 구조요(이상준 2008)가 확인되는 것은 다른 지역과 마찬가지로 3세기경부터이다. 이러한 영산강유역의 고대 토기요지에 대해서는 호남지역의 자료를 함께 다루면서 이미 여러 연구자들에 의해 단계나 시기가 분류된 바 있다. Ⅰ기(3~4세기 중엽), Ⅱ-1기(4세기 후반~5세기 후반), Ⅱ-2기(5세기말~6세기 중엽)로 구분되고, 대체로 요의 위치가 반지하식에서 지하식으로, 장타원형, 세장형에서 장타원형, 타원형으로, 소형에서 중형, 대형으로, 연질에서 경질 토기로의 소성 변화가 언급되었다(이지영 2008). 그리고 광주 행암동요지의 토기요지를 포함시켜 Ⅰ기(3세기 전반~4세기 중엽), Ⅱ기(4세기 후반~5세기 중엽), Ⅲ기(5세기 중·후엽~6세기 전반), Ⅳ기(6세기 중반~7세기)로 구분하고, 본격적인 타날문토기의 생산과 함께 시작되어 고온소성의 경질 토기 비율이 늘어나고, 요의 수 증가와 구조 변화, 대규모의 전문 장인집단 생산 체계가 나타난 후 백제 가마의 속성이 나타나는 것으로 그 변화를 설명하기도 하였다(정일 2008b). 이러한 대략적인 변화에는 동의하지만, 토기요의 조업 시기에 대해서는 이견이 있는 부분도 있어서 토기의 종류나 형식, 유적의 존속 기간을 함께 고려하여 영산강유역 고대 토기 생산유적의 단계를 다시 구분해보고자 한다.

먼저 3세기경 자료보다 더 이른 시기의 토기 생산유구는 명확하지 않은데 광주 신창동유적 B지구에서 발견된 구상이나 타원형의 토기요지들(국립광주박물관 1993, 2001)이 참고된다. 이 요지들은 삼각형점토대토기, 두형토기, 토기뚜껑 등의 무문토기가 출토되므로 초기철기시대부터 원삼국시대 초기, 즉 마한의 이른 시기로 추정되는 것들이다(박수현 2005). 이는 내부에서 출토된 토기에서 흑반이 확인되고 요의 형태도 정형화되지 못하여 3세기 이후의 구조화된 밀폐요와는 다른 노천요에 해당한다. 영산강유역에서도 아직까지 잘 발견되지 않은 1~2세기대 유적에서는 타날문토기보다 경질무문토기가 주로 출토되므로[6] 이 시기의 토기요지는 아마도 구상이나 타원형의 소성시설을 보이는 노천요였을 가능성이 있다[7]. 이러한 구조의 토기요지가 주를 이루는 시기를 일단 영산강유역 마한 이후 고대 생산유적의 Ⅰ단계로 볼 수 있을 것이다.

그 다음 Ⅱ단계로 볼 수 있는 3~4세기 토기요지는 1기만 확인되는 경우도 많지만 3~4기가 함께 확인되기도 한다. 폐기장이나 지상건물지의 관련시설이 확인되기도 한다. 이 단계의 유적에서는 소성부가 세장타원형인 등요가 여러 기 확인된다. 광주 신창동유적의 Ⅳ지점 소성유구처럼 소형의 말각(장)방형이나 장방형인 노천요도 있는데, 이는 토제도지미의 출토량이 많아 도지미를 생산했던 것이 아닌가 추정된다(申相孝 · 李宗哲 · 尹孝男 2007, 115쪽). 그리고 토기는 기종별로 그 시기를 크게 구분하기 어려운데, 적갈색계 연질 토기 외에 회색계 연질과 경질 토기가 함께 보이기도 한다. 그 중 나주 운곡동 Ⅲ지구 토기요지 등은 파배도 포함되어 약간 늦은 것으로 추정된다. 송림리 송촌 토기요지 또한 장경소호가 추가되어 이 단계에서는 가장 늦은 것으로 추정되는데, 요지나 관련 수혈

---

6) 이 시기에 해당하는 자료는 영광 수동 토광묘 출토 경질무문 소호 등이 대표적이다.
7) 최근 해남 군곡리 패총 발굴조사에서 일부 확인된 경질무문토기가 출토되는 장타원형에 가까운 소성유구(목포대학교박물관 2018)는 이 시기 토기요지 자료로 볼 수 있다.

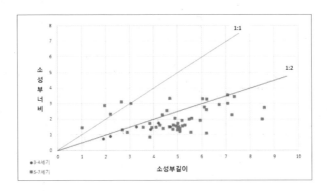

〈도면 2〉 영산강유역 3~7세기 토기요지 소성부의 장폭비 분포(단위 m)

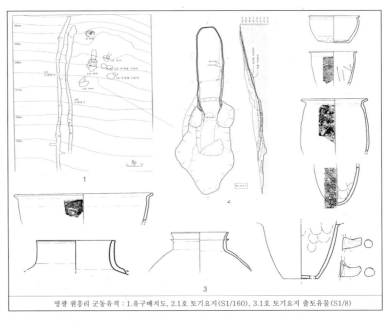

영광 원흥리 군동유적 : 1.유구배치도, 2.1호 토기요지(S1/160), 3.1호 토기요지 출토유물(S1/8)

〈도면 3〉 고대 영산강유역 토기 생산유적 II단계 토기요지와 출토유물

(3호 수혈 등)에서 출토되는 단경호들이 3~4세기에 주로 보이는 구연부 형태를 가지고 있어서 4세기 후엽이나 그보다 약간 늦을 것으로 추정된

다. 이 단계의 토기요지는 주로 소성부가 세장타원형[8]이며 연소부도 연료투입방식에서 수평식에 해당한다. 토기요지나 관련 유구에서는 도지미도 나타나는데 쐐기형토제품 등이 보이며, 이기재로 장고형토제품이 있다(도면 3).

Ⅲ단계의 5세기 이후 요지유적은 지점을 달리하여 나타나는 경우가 많다. 1~2기가 주거지들과 함께 확인되는 유적들도 있지만, 20기가 넘는 요지가 하나의 구릉이나 가까운 지점에서 군집을 이루고 있는 유적들도 있다. 후자의 유적들은 인근에서 주거유적이 확인되지 않는 경우가 많은데 광주 행암동과 나주 오량동 요지가 이에 해당한다. 이보다 요지의 수는 적지만 나주 신가리 당가요지도 비슷한 양상으로 볼 수 있다. 나주 신도리 도민동유적 2C지구 처럼 5기의 요지가 한 지점에서 확인되며 인근에 동일 시기의 주거지들이 분포하고 있는 경우도 있다(도면 5-6). 요지 외에도 폐기장, 작업을 위한 공방 수혈이나 주거지, 지상건물지 등이 확인되기도 한다. 요지는 대부분 등요인데, 나주 월양리 구양유적의 소성유구처럼 소성부 규모가 상당히 작은 것도 확인된다. 요지는 이전 단계와 마찬가지로 소성부가 세장타원형인 것이 많고, 연소부의 연료투입방식은 수평식인 것이 많지만 수직식인 것도 나타나며, 소성부가 장타원형이거나 타원형인 것도 있다. 요의 규모도 〈도면 2〉에 나타난 것처럼 더 큰 것을 포함하여 다양하게 나타난다. 요지나 관련시설에 출토되는 도지미도 다양한 편인데, 쐐기형토제품이 이어지지만 Y자형, 낮은 대각형, 원통형, 대옹편, 작은 석재들도 나타난다. 이기재는 장고형토제품이 대표적이며, 토기에 남겨진 흔적으로 보아 초본류도 상당수 사용되었음을 알 수 있는데 이는 낮은 완이나 나주지역의 개배 등에서 잘 확인된다.

---

8) 요지의 소성부 평면형태는 세장타원형과 장타원형, 타원형으로 구분할 수 있는데, 각각 장폭비가 1:2 이상, 1:2~1:1, 1:1 이하이다(도면 2).

요지에서 많이 출토되는 유물은 심발형토기나 장란형토기 외에 낮은 완, 양이부호, 토제아궁이틀, 개배, 단경호 등이다. 요지에서 대옹이 소성되거나 대옹편이 도지미로 사용되어 출토되기도 한다. 유물로 보아 5세기 이후 자료는 Ⅲ-1단계와 Ⅲ-2단계로 세분이 가능한데 소형 토기 중 낮은 완이 주류를 이루는 것과 정형적인 개배가 주류를 이루는 것으로 나눌 수 있다. 전자의 경우 점차 개배가 추가되기도 하는데, 이 때의 개배는 대체로 배신이 비교적 높아 초기 개배로 언급하는 것이다. Ⅲ-1단계에 해당하는 유구는 광주 비아유적의 토기요지들, 행암동요지의 3호(선행)나 2호(도면 4-2), 6호(도면 4-1), 4호, 7호, 8호, 18호 토기요지 등, 나주 동악리 황동유적 토기요지, 오량동유적 4호 요지(도면 5-1) 등, 신도리 도민동유적 2C지구[9) 2호와 3호 토기요지(도면 5-7 · 8), 신도리 신평유적 토기요지들, 장산리 장사유적의 토기요지 등이다. 소형 기물 중 낮은 완이 아닌 개와 배의 세트가 정연하게 갖추어지고 정형화된 개배가 주류가 되는 Ⅲ-2단계는 고창 중월리유적 추정 토기요지(도면 8-1), 광주 용두동유적 토기요지들(도면 6-1), 행암동요지 1지구 5호(도면 4-3), 3지구 16호(도면 4-4)와 19호 토기요지, 나주 오량동요지 7호(도면 5-2)와 9호(도면 5-3), '15-2호(도면 5-4)와 '15-3호 요지(도면 5-5), 1호 공방지, 신도리 도민동유적 2C지구 4호와 5호 토기요지들(도면 5-9 · 10), 나주 월양리 구양유적 토기요지(도면 8-8) 등이 있다. 이 단계의 시작은 왜의 스에키 등 외래계 토기로 보아 5세기 후엽, 완과 초기 개배 등이 보이는 Ⅲ-1단계는 5세기 전 · 중엽으로 추정된다.

　　나주 신가리 당가나 석전리 토기요지도 정형적인 개배가 주류를 이루므로 Ⅲ-2단계에 속하는 것으로 추정된다. 석전리 토기요지 출토 개배는

---

9) 이 유적의 2C지구 토기요지는 중복된 상황으로 보아 2호 → 3호, 2호 → 4호 → 5호 순서로 조성되었다.

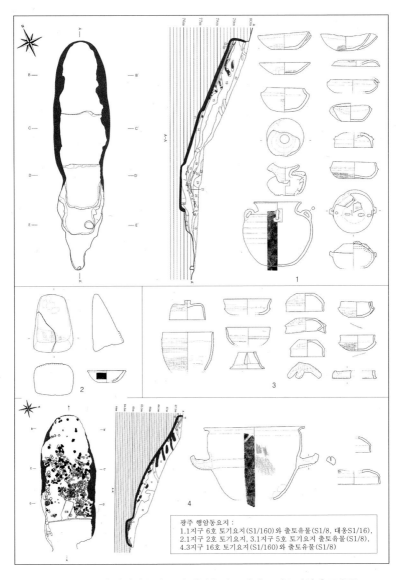

〈도면 4〉 고대 영산강유역 토기 생산유적 III단계 토기요지와 출토유물1

광주 행암동요지 :
1.1지구 6호 토기요지(S1/160)와 출토유물(S1/8, 대옹S1/16),
2.1지구 2호 토기요지, 3.1지구 5호 토기요지 출토유물(S1/8),
4.3지구 16호 토기요지(S1/160)와 출토유물(S1/8)

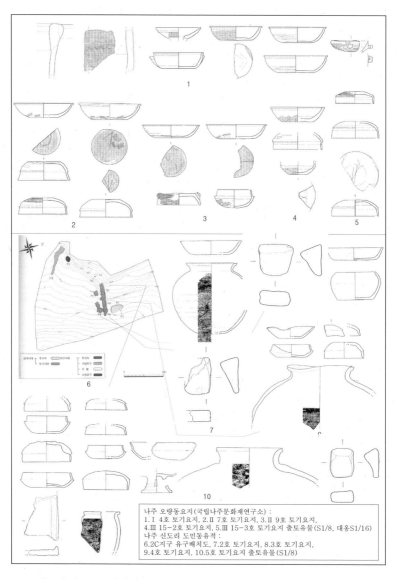

나주 오량동요지(국립나주문화재연구소) :
1. Ⅰ 4호 토기요지, 2. Ⅱ 7호 토기요지, 3. Ⅱ 9호 토기요지,
4. Ⅲ 15-2호 토기요지, 5. Ⅲ 15-3호 토기요지 출토유물(S1/8, 대옹·S1/16)
나주 신도리 도민동유적 :
6. 2C지구 유구배치도, 7. 2호 토기요지, 8. 3호 토기요지,
9. 4호 토기요지, 10. 5호 토기요지 출토유물(S1/8)

〈도면 5〉 고대 영산강유역 토기 생산유적 Ⅲ단계 토기요지와 출토유물2

신가리 당가 출토품과 비슷하다. 신가리 당가유적은 사비기 유적으로 보고되었고(이정호 2003), 백제양식의 토기로 보아 6세기 중반 이후로 보기도 한다(정 일 2008b). 그러나 요지에서 출토된 투창이 있는 무개고배나 삼족배의 형식으로 보아 신가리 당가 토기요지는 웅진기 후반에 소성되기 시작한 것으로 추정된다. 이러한 개배 형식은 백제계(酒井淸治 2004), D형의 백제식(徐賢珠 2006), 당가형(김낙중 2012) 등으로 명명된 바 있는데, 다른 이 지역 형식들과는 소성기법에서 차이가 나며 공주 정지산유적을 비롯하여 백제 웅진기 유적들에서 보이고 있기 때문이다. 요지는 소성부가 장폭비가 상당히 줄어 사두형에 가까운 타원형이다.

그리고 광주 용두동유적에서는 토기요지와 함께 확인된 삼국시대 주거지들이 III-1단계와 III-2단계의 구분 양상을 잘 보여준다. 용두동유적에서는 주거지가 8기 확인되었는데, 요지 2기를 사이에 두고 주거지는 다른 분포를 보인다. 요지보다 높은 지점인 구릉 정상부에 있는 1~3호 주거지는 평면 방형(사주식)이며 규모도 크고 낮은 완 등이 출토되었지만, 구릉 아래쪽에 있는 4~8호 주거지는 평면 말각방형이며 규모도 작고 전형적인 개배, 고배 등이 출토되어 유물의 차이가 확연하다. 그런 점에서 1~3호 주거지(도면 6-2)는 III-1단계, 토기요지 2기(도면 6-1)와 4~8호 주거지(도면 6-3)는 III-2단계로 볼 수 있다.

마지막으로 토기 종류의 구성이나 삼족배, 개배의 형식으로 보아 고창 운곡리 토기요지(1기)(도면 7-1)는 백제 사비기로 IV단계에 해당한다. 광주 행암동요지 3호 토기요지(후행)도 개배 형식으로 보아 다른 요지들[10]과 달리 이에 해당한다(도면 7-2). 운곡리유적 토기요지는 소성부

---

10) 행암동요지는 1지구 요지군이 가장 먼저 형성되고, 2지구 그리고 3지구의 요지군이 형성되고 다시 1지구의 3호 요지가 형성되었다. 토기요의 구조와 출토 토기로 보아 토기요지의 중심연대는 5세기 중엽에 초축되어 5세기 후반부터 6세기 초엽

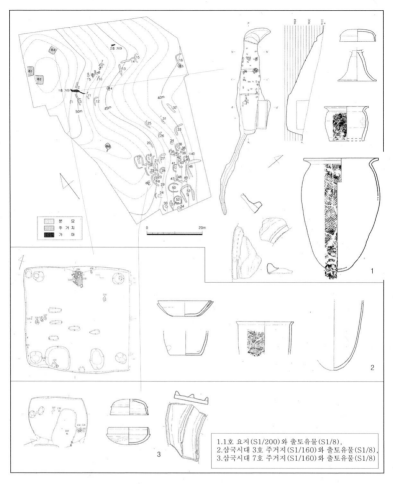

〈도면 6〉 광주 용두동유적의 삼국시대 토기요지와 주거지의 변천 양상

가 제형에 가까우며, 행암동요지 3호 토기요지는 소성부의 형태가 장타

에 가장 왕성한 조업을 했던 것으로 보고되었다(全南文化財研究院 2011). 요지군
의 초축 시기는 2호나 3호(선행) 요지 등으로 보아 5세기 전엽으로 올려볼 수 있을
것으로 판단된다.

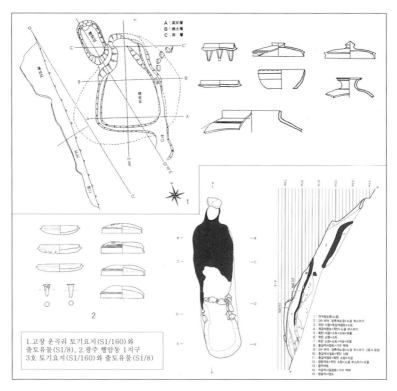

〈도면 7〉 고대 영산강유역 토기 생산유적 IV단계 토기요지와 출토유물

원형에 속한다. 나주 오량동요지 2호 공방지에서는 기와편, 대상파수부
토기 등 사비기 유물이 출토되고 있어서 이 유적도 이 단계까지 이어졌
을 가능성이 있다. 이 단계에 확실하게 속하는 소수의 자료를 제외하면
현재까지 확인된 토기요지들은 대부분 5~6세기 전엽에 해당하는 것으로
추정된다[11].

---

11) 화순 삼천리유적의 요지는 기와도 소성되었고 토기도 웅진기일 가능성이 있어서
   아직까지 확인된 사례가 없는 중요한 자료로 판단된다. 아직 정식 보고가 이루어
   지지 않아 여기에서는 더 이상 다루지 않았다.

2. 지역적 차이

토기 생산유적은 주거나 고분 등의 소비유적에 비해 지역이나 계통적인 차이가 잘 드러날 것으로 판단된다. 그러나 현재까지 확인된 토기 생산유적이 지역이나 시기별로 고르게 분포하지 않은 편이어서 지역적인 차이를 살펴보는데 한계도 있다. 고분 등 소비유적에서의 양상을 통해 영산강유역 고대 토기의 지역적인 차이에 대해서는 이미 추정된 바 있다. 토기 생산유적에서는 Ⅰ·Ⅱ단계인 3~4세기대에 비해 5세기 이후인 Ⅲ단계 유적들에서 어느정도 지역적인 차이가 확인된다. Ⅲ단계에는 영산강의 하류와 중류, 상류, 그리고 고창지역 등이 개배, 고배 등에서 차이를 보이기 때문이다. 토기나 대옹의 생산유적에도 이러한 양상이 반영되었을 것인데 이를 현재 확인된 생산유적을 통해 살펴보고자 한다. Ⅲ단계에서도 이를 잘 보여주는 것은 정형화된 개배가 출토되는 Ⅲ-2단계이다. 그보다 이른 Ⅲ-1단계에는 대체로 경질의 낮은 완을 통해 어느정도 지역적인 차이가 드러나는데(서현주 2010), 완은 구연부가 직립(무문)인 것이 영산강상류인 광주지역에 많다. 광주 행암동요지에서도 대체로 초기 자료에 외반된 것도 있지만 6호, 4호, 18호 토기요지처럼 다수가 출토되는 유구에서는 대부분 직립완이다. 이에 비해 영산강중류나 하류인 나주 오량동요지의 요지들에서는 대부분 외반된 것이 주류를 이루며, 동악리 황동이나 장산리 장사유적에도 타날되거나 외반된 것이 더 많다. 그 중간 지역인 나주 신도리 도민동유적 2C지구의 토기요지에는 두가지 형식이 혼재한다. 이 단계에 소수 보이는 개배는 배만 확인되거나 개배가 함께 보이더라도 배신이 상당히 높아 정형화되지 못한 것들이어서 형태가 비교적 다양하게 나타난다.

Ⅲ-1단계인 5세기 후엽으로 볼 수 있는 광주 행암동 5호 토기요지(도

면 8-2), 신도리 도민동유적 2C지구 5호 토기요지(도면 8-4), 나주 오량동 요지 Ⅲ '15-2호 요지(도면 8-6) 등에서 보이는 정형화된 개배에서는 어느 정도 비슷한 모습도 확인된다[12]. 이 개배들은 대체로 암회청색(암적색)의 색조나 신부의 상면과 하면에 편명면, 각선이 존재하여 이 지역의 특징적인 모습이 보이지만, 구연부 형태나 신부 외면에 회전깎기나 깎기 등 왜의 스에키 개배 요소도 상당수 확인되어 그 영향이 있었던 것으로 추정된다. 이와 함께 색조나 형태, 정면기법에서 스에키 개배의 특징이 더 뚜렷한 토기도 보이는데, 신도리 도민동유적 2C지구 5호 토기요지의 개(도면 8-4하) 등이다. 이 요지들에서는 무개식의 투창 고배도 함께 출토되었는데 이는 스에키 고배의 영향으로 추정된다(徐賢珠 2006 · 2012). 따라서 이 단계 영산강유역의 광주 · 나주 지역의 소형 토기에는 기종이나 제작기법에 스에키 토기의 영향도 상정된다. 이러한 양상은 이전 단계부터 나타나는데 행암동요지 6호 토기요지의 스에키계 토기(보고서 도면 98-732, 736)를 들 수 있으며, 광주 하남동유적 9호 구 10지점(보고서 도면 216-332~323) 등에서는 이 단계의 스에키로 볼 수 있는 개배가 출토된 바 있다(湖南文化財研究院 · 光州廣域市都市公社 2008b). 이후 6세기를 넘어가면 구연부 형태나 정면기법 등에서 스에키와 관련되는 요소는 사라지며 구순부가 좁아져 끝나는 개배 형식(소위 C형)이 주류를 이룬다(徐賢珠 2016).

또한 구연부를 포함한 전체적인 형태나 소성기법에서 스에키 개배의 특징이 남아있는 토기가 오량동요지 '15-3호 요지에서 출토되었는데(도면 8-7상우) 이는 소위 D형 또는 당가형이라고 하는 형식으로 볼 수 있

---

12) 이러한 토기들은 나주 오량동 동3-1호(도면 8-5), '15-3호 요지(도면 8-7상좌), 나주 신도리 1C 주거지, 나주 동수동유적 1호 주거지와 벽주건물지(대한문화재연구원 · 나주미래산단주식회사 2016) 등에서도 출토되었다.

다. 이 형식은 6세기 이후 나주 신가리 당가(도면 8-8)나 석전리 토기요
지에서 주류를 이루는데 다른 유적들과 달리 하나의 개배 형식만 확인된
다. 이 형식의 개배는 가까운 나주 복암리 3호분과 1호분 석실이나 주구,
함평 신덕 1호분 석실뿐 아니라 광주 쌍암동고분 등에서 출토된 바 있다
(徐賢珠 2006). Ⅲ-2단계의 요지는 아직 많이 발견되지 않았지만, 영산강
유역 내 지역적인 차이도 어느정도 보여준다. 먼저 고창의 중월리 토기요
지(도면 8-1)에서는 낮은 대각에 방형 투창이 있는 특징적인 소위 고창식
고배(朴淳發 2001, 酒井淸治 2004)가 확인되고 있어서 이 지역 토기 특징
을 잘 보여준다. 이와 비슷한 유물이 고창 봉덕 나지구 구들에서 확인되
는데 특징적인 고배 등은 나지구 구1, 삼족배 등은 구3 유물과 유사하다.
나주 월양리 구양유적의 토기요지에서는 소위 C형 중 덕산리식 개배로

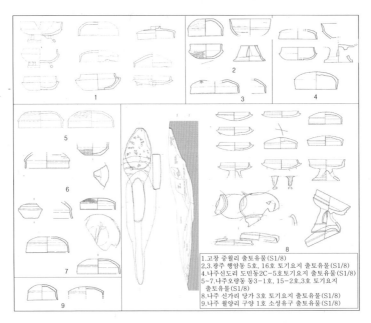

〈도면 8〉 고대 영산강유역 토기 생산유적 Ⅲ-2단계 지역별 토기요지 출토유물 양상

언급한 바 있는 드림부가 상당히 긴 개배가 출토되었다(도면 8-9). 이러한 유물은 나주 덕산리나 신촌리 고분군 등 영산강하류지역에서 출토된 바 있는 것이다. 요지유적의 규모로 보아 이 요지에서 생산되어 유통된 것으로 보기는 어렵지만, 일정 지역에 걸쳐 동일 형식의 토기가 유통되었음을 추정해 볼 수 있다.

IV. 토기 생산유적으로 본 고대 영산강유역

앞에서 살펴본 영산강유역의 고대 토기 생산유적은 몇 개의 큰 변화가 나타나는 시기가 있음을 알 수 있다. 가장 먼저 나타나는 변화 양상은 II단계의 시작인 3세기에 나타나는데 등요의 본격적인 사용이다. 여기에는 I단계로 추정한 정형화되지 않은 노천요, 경질무문토기 중심의 토기 생산에서 밀폐요(등요), 타날문토기 중심의 토기 생산으로의 변화가 반영되어 있다. 이 단계의 토기 생산유적은 여러 지역에서 확인되는데 내부적인 차이도 크지 않은 편이고 다른 마한지역과도 차이가 크지 않다. 유적 내 토기요지의 수는 많게는 3기 정도이지만 그보다 작은 규모의 유적도 있고 인근에 주거지들이 있는 경우도 있다. 유물의 경우 적갈색계 연질과 회색계 연질이나 경질 토기들이 함께 출토된다. 그 이후인 5세기경에 비하면 요의 형태나 구조도 지역적인 차이가 크지 않다. 토기요지들이 큰 군집을 이루지 못하고 소수 확인되는 경우가 많아 지속적인 조업이 아니라 대체로 필요에 따라 조업이 이루어졌던 것으로 추정된다. 영광 원흥리 군동유적의 사례를 보면, 이 단계의 지역 특징을 보여주는 이중구연호 등의 토기가 소성되고 있음을 알 수 있다. 이를 통해 다른 마한지역과 마찬가지로 지역적인 특징을 보이는 토기를 포함하여 타날문토기가 활발하게 사용되어 이와 함께 새로운 요(등요)가 나타나고 토기 생산이 이루어진 상황을 추정할 수 있다. 특히, 이 때에는 마한 여러 지역에서 고분이나 주거지가 상당히 많이 확인되므로 토기 수요도 커졌을 것이다(정 일 2008b). 따라서 이 단계의 영산강유역 고대토기 생산유적 양상에는 소국을 중심으로 지역적인 특성과 발전이 두드러지게 나타나는 3세기 이후 마한 사회의 모습이 잘 반영되어 있는 것으로 볼 수 있겠다.

그러한 양상이 이어지다가 다시 변화가 나타나는 것은 III단계의 5세기경이다. 영산강유역의 토기문화는 4세기 후반부터 변화가 나타나는데 이는 광구소호, 장경소호 등 토기 기종이나 기술에서 가야 토기의 영향을 받으면서 나타나는 부분이 크다. 그런데 그 때의 상황을 잘 알 수 있는 요지는 따로 확인되는 사례가 없어 아마도 3세기부터 나타나는 II단계 토기요지에서 그대로 이어졌을 가능성이 크다. 그런데 5세기경이 되면 지점을 달리하여 토기요지 유적들이 나타나며 일부 지역에서는 군집화도 이루어진다. 이전 단계의 유적에서 요지가 이어지는 경우는 거의 없고, 유적은 대부분 새로운 곳에 조성되었다. 드물지만 나주 신도리 도민동유적처럼 주거지들과 함께 3~4세기 토기요들이 소수 조성되다가 멀지 않은 곳에 5세기 이후 토기요들이 소수 조성되기도 한다[13]. 이를 잘 보여주는 것이 4A지점의 상황인데 2기(1,4호)의 토기요지는 II단계에, 2기의 토기요지(2,3호)는 III단계에 해당한다. 광주 하남3지구유적도 마찬가지인데, 3·4호 토기요지는 II단계, 약간 떨어져 있는 1호 토기요지는 III단계로 추정된다. 그 외의 다른 유적들은 대부분 지점을 달리하여 토기요가 조성되고 있다. 요지나 관련시설에서 출토되는 토기들도 경질의 낮은 완이나

---

13) 나주 신도리 도민동유적의 토기요지는 12기가 확인되었는데, 시기를 알 수 있는 11기 중 4기가 II단계, 7기가 III단계에 해당한다.

토제아궁이틀, 점차 개배도 새롭게 나타나고 있어서 이전 단계와는 다소 차이가 크다. 요 구조나 형태에 있어서도 연소부가 수직식이고 장타원형인 것들이 포함되어 있는데 이러한 토기요지들은 주로 광주지역인 비아(1호), 용두동(1호), 하남3지구(4호), 행암동(6,7,8,17,18,21호) 유적에 있다. 이러한 형태의 토기요는 백제 한성기 토기요기가 군집을 이루는 것으로 알려진 진천 삼룡리 · 산수리유적에서 일찍부터 확인되었다(崔秉鉉 외 3인 2006).

이 단계의 토기요지 유적들은 영산강유역에 상당히 넓게 분포하지만 좀 더 집중되는 지역도 나타난다. 광주 행암동이나 나주 오량동 요지가 그에 해당하는데 그 중 Ⅲ-1단계에 해당하는 요지들이 많다. 이러한 유적의 존속 양상이나 출토유물, 요 구조 등으로 보아 Ⅲ단계에 영산강유역은 상당히 큰 변화가 나타났던 것으로 추정된다. 도지미도 수량과 종류가 더 많아지는데 기존의 것에 더하여 Y자형이나 낮은 대각형 등이 추가되며 석재도 종종 사용되었다. 이기재로서 초본류의 사용이 늘어나는데, 이는 낮은 완의 소성에서부터 보이던 것이다. 삼국시대 토기요지의 도지미의 경우 고온의 밀폐요, 도질토기의 출현과 고온의 등요의 등장과 같이하며, 이기재는 토기의 대량생산을 위한 중첩소성과 관련지어 설명하고 있다. 이는 고분에 다량의 토기를 부장하는 것과 관련되는데(洪鎭根 2003, 108~110쪽) 영산강유역도 마찬가지였을 것이다.

이 단계의 영산강유역 토기요지와 먼저 비교할 수 자료는 청주 오산리유적의 토기요지이다. 오산리유적도 5세기경부터 토기요의 조성이 시작되었고 5세기 중엽까지 이어진 것으로 볼 수 있는데, 소성부 장타원형, 연소부 수직식의 요 구조, 낮은 완, 배신이 높거나 배 중심의 개배, 파배, 기대 등의 유물 구성은 동일 시기 영산강유역 토기요지들과 유사하다(도면 9-1~4). 영산강유역의 토제아궁이틀이나 낮은 완은 충청지역과 관련되는 것으로 추정된 바 있다(서현주 2010). 다만 광주 행암동요지 5호 토기요지에서 보이는 Y자형토제품 등의 도지미나 적석시설이 설치된 아궁이 등의 새로운 요소는 경주 손곡동유적 토기요지 등에서 확인되는 것이어서(정일 2008, 199쪽) 이 단계의 영산강유역 요지는 백제 한성기 충청지역뿐 아니라 신라 등 여러 지역의 영향을 받은 것으로 볼 수 있다. 그리고 개배 등의 형태나 정면기법, 고배의 형식 등에서 5세기 중엽부터 왜 스에키의 영향도 확인된다. 이에 대해 고분과 마찬가지로 영산강유역에 다양성이 나타나는 것으로 설명하고 있는데(정 일 2008b) 이것만으로는 설명이 부족할 듯하다. 충청지역이라 하더라도 토제아궁이틀이나 개배 등은 백제화가 진전된 이후 문물이며, 신라나 왜의 외래계 요소들보다 백제와 관련되는 자료는 5세기경부터 나타나며 영산강유역의 넓은 지역에 걸쳐 비슷한 양상이 펼쳐지는 점에서 그 배경은 결국 백제의 확산과 관련될 것으로 판단된다. 다만, 유물의 내용으로 보아 백제 중앙보다 충청지역과 관계가 큰 편이지만 이를 단순히 지역세력간의 관계로 보기는 어렵다. 금강유역권은 백제에 의해 4세기 중·후반부터 진전된 지배체제를 갖추어 가는 것으로 이해하고 있으며, 이 시기의 지역집단은 독자적인 지역집단으로 보기는 어렵고 지역사회의 편제에 백제의 영향력이 강하게 작용했던 것으로 보고 있다(成正鏞 2000, 143쪽). 따라서 한성기 후반 백제와 영산강유역의 관계는 충청북부지역을 포함한 백제의 다른 지역세력을 매개로 이루어진 관계였을 가능성이 있다고 판단된다. 특히 관련 유물들이 주거유적이나 토기요지 유적들에서 많이 발견되고 동일 유적에서 새로운 관련 유물들이 한꺼번에 나타나는 점, 그리고 상당히 빠른 시간 내에 확산되어 성행하는 점이 주목된다. 따라서 영산강유역권의 북쪽 지역부터 이러한 유물들을 포함한 생활문화가 확인되는 점에서 충청북부를 중심으로 하는 북쪽 지역으로부터 주민의 이동을 포함하여 상당한 영향이 있었던 것으로 추정된다(서현주 2010).

그리고 Ⅲ-1단계 후반과 Ⅲ-2단계 전반에 나주 신도리 도민동유적, 오량동과 광주 행암동 요지의 토기요지들에서 왜 스에키(須惠器) 개배와 비슷한 구연부 형태, 회전깎기 등의 정면기법 등이 확인되는 점도 주목된다. 이는 5세기 중·후엽을 중심으로 나타나는 현상이며 이후 점차 사라진다. 현재까지의 발견 상황에 의존하는 것이지만 5세기 중·후엽에 해당하는 토기 생산유적은 상당히 많은 편이어서 지역별로 유통 범위는 그다지 넓지 않았음도 확인된다. 영산강유역 토기요지 유적에 나타난 5세기대 상황은 백제의 확산, 왜와의 교류 본격화, 그 과정에서 영산강유역 세력의 역할 증대 등이 요인이 아니었을까 판단되며, 그로 인해 왜계 요소가 포함된 토기 생산도 나타난 것으로 추정된다. 이는 외래계 토기의 단순한 영향으로 보기 어렵고, 한반도 서남해안지역에 나타나는 왜계 고분, 영산강유역에 반입되었을 것으로 추정되는 왜계 토기들과 관련되는 교류가 있었던 것으로 추정된다.

Ⅲ-2단계의 양상은 이전 단계와 다소 차이가 난다. 군집을 이루는 광주 행암동이나 나주 오량동 요지에서 요지들이 소수 이어지지만, Ⅲ-1단계 이후 요지의 조성이 그다지 이어지지 않는 경우도 있다. 이 단계에 새롭게 유구가 확인되는 것은 나주 월양리 구양유적뿐이다. 현재까지 유적이 발견된 상황은 오히려 이전 단계에 비해 쇠퇴되는 양상으로 설명될 수도 있다. 그런데 고분에서의 상황을 보면, 정형화된 개배나 고배뿐 아니라 단경호, 기대, 분주토기 등 많은 토기들이 확인되는 시기여서 이 단계에도 영산강유역에는 어떠한 변화가 있었다고 보아야 할 것이다. 다만, 아직 생산유적의 발견이 많지 않아 판단이 어렵지만, 후술할 나주 신가리 당가요지 등 백제와 관련이 깊은 요지유적의 출현과 관련이 있을 가능성이 있다.

그리고 이 단계의 가장 특징적인 토기요지 자료는 바로 나주 신가리 당가, 석전리 요지들이다. 신가리 당가유적은 토기요지들이 비교적 군집을 이루는데 요지는 소성부가 사두형에 가까운 타원형이어서 이전 단계의 요지들과 형태 차이가 크며, 토기들도 개배, 삼족배, 직구호 등 기종뿐 아니라 소성기법에 있어서도 초본류를 이기재로 사용하지 않고 개배를 세트로 덮어 소성하는 점에서 백제 토기와도 동일하다(酒井淸治 2004). 신가리 당가 요지와 토기의 양상이 동일하지는 않지만 신룡리나 광암리 · 동촌리 유적 등 익산지역의 웅진기 토기요지들이 이와 비견될 수 있는 자료로 판단된다. 이 요지들은 고배나 삼족배로 보아 대표적인 웅진기 토기요로, 소성부는 장폭비가 작은 편이어서 장타원형에 속한다(도면 9-5). 신가리 당가의 토기요지들은 이 요지들과 비슷하여 지역색을 띤 소위 백제식의 토기를 소성했던 것으로 볼 수 있다. 이 요지들에서 출토된 토기의 유통 범위는 상당히 넓어 영산강유역 내부뿐 아니라 공주 정지산유적을 비롯한 백제 웅진기 중앙과 지방까지 넓게 나타나고 있어서(徐賢珠 2006, 김낙중 2012) 이전 단계와는 차별된다. 따라서 이 단계의 양상은 영산강중류, 나주 다시면 일대를 중심 거점으로 한 백제 영역화의 과정이 반영되어 있다. 신가리 당가유적 토기요지에 반영된 의미는 이전 단계와 달리 토기 종류나 형태, 제작기법 등에서 백제 토기와 관련이 깊고 토기요지 유적 내에서 통일성이 두드러진다는 점이다. 영산강유역은 기존의 토기문화, 주변지역과의 교류 등으로 특징적인 토기문화를 갖으면서 내부적인 양상은 상당히 다양하게 나타난다. 그러한 양상이 통일성있게 나타나는 것이 바로 나주 신가리 당가유적에서의 상황이다.

마지막으로 IV단계 사비기 요지는 아직 발견된 유적이 많지 않다. 군집을 이루던 요지유적에서 토기요가 소수 확인되거나 새로운 유적이 소수

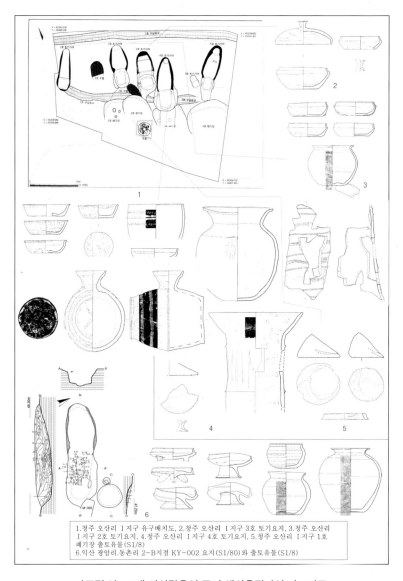

1.청주 오산리 Ⅰ지구 유구배치도, 2.청주 오산리 Ⅰ지구 3호 토기요지, 3.청주 오산리
Ⅰ지구 2호 토기요지, 4.청주 오산리 Ⅰ지구 4호 토기요지, 5.청주 오산리 Ⅰ지구 1호
폐기장 출토유물(S1/8)
6.익산 광암리.동촌리 2-B지점 KY-002 요지(S1/80)와 출토유물(S1/8)

〈도면 9〉 고대 영산강유역 토기 생산유적과의 비교자료

추가되는 정도이다. 토기요는 확실히 길이가 줄어들고 있는데 이는 소성부의 장폭비에서 차이가 잘 드러난다. 그 중에는 운곡리 토기요지처럼 소성부의 형태를 제형으로 말할 수 있는 것도 있다. 사비기 백제 토기요지는 전용요지도 있지만 기와를 함께 소성하는 사례도 많은데 주로 도성과 그 인근에서 확인된다. 영산강유역이 도성에서 멀리 떨어져 있는 곳인 만큼 토기 생산은 이전 단계에 비해 다소 쇠퇴되는 것으로 볼 수 있을 것이다. 이는 고분에서 대형옹관 사용도 거의 사라지고 고분에서의 토기 사용도 줄어든 점과 통하는 부분이다. 토기요지에서 영산강유역의 지역적인 특징이 모두 사라진 것은 아니지만 사비기에는 고분이나 토기 등 다른 문물 자료들처럼 백제 여러 지역과의 차별화가 뚜렷하지 않다.

고대 영산강유역의 토기 생산유적의 양상을 정리하면, I단계는 대체로 노천요로 추정되고, II단계인 3세기경부터 여러 지역에 넓게 나타나는 등요는 새로운 토기문화의 출현과 성행과 결부된 이 지역 마한 소국들의 성장을 잘 보여주는 자료라 할 수 있을 것이다. III-1단계인 5세기부터 개별 요의 수나 규모, 생산유적의 규모가 커지는 양상이 나타나는데 여러 지역에서 비슷한 양상이고 백제 유물도 함께 보이는 점에서 이를 영산강유역 지역세력의 성장으로만 말하기 어렵다고 판단된다. 충청지역의 토기요지나 토기 등과 이어지고 있는 점에서 이 지역세력을 매개로 한 백제와 영산강유역의 관계가 상정된다. III-2단계 이후 영산강유역 토기요지의 토기는 어느정도 정형화, 통일성도 나타난다. 이는 자체적인 변화나 발전도 있었겠지만 그보다 백제의 영역화과정의 결과일 가능성이 크다. 그 영향으로 지역별로 어느정도 통일적인 영산강유역 지역양식의 형성이 가능했다고 할 수 있을 것이다.

V. 맺음말

이제까지 최근 발견된 자료를 포함시켜 영산강유역의 고대 토기 생산 유적을 단계 설정 후 큰 변화가 나타나는 시기를 중심으로 살펴보았다. 영산강유역의 고대 토기 생산유적은 최근까지 3~7세기로 추정되는 20여 곳이 확인되었다. 생산유적의 존속 기간, 요의 구조, 출토 토기 등으로 보아 토기 생산유적의 양상을 4개의 단계로 설정하고 그에 반영된 의미를 검토하였다. 현재까지 조사된 유적들이 지역별로 고르게 확인되지 않고 시기별 공백도 있어서 전반적인 상황을 살펴보는데 한계도 있다.

영산강유역은 마한단계부터 독특한 토기문화가 나타난 지역으로 알려져 있다. 먼저 I단계는 대체로 노천요로 추정되고, II단계인 3세기경부터 여러 지역에 넓게 나타나는 등요는 새로운 토기문화의 출현과 성행과 결부된 이 지역 마한 소국들의 성장을 잘 보여주는 자료라 할 수 있을 것이다. III-1단계인 5세기부터 개별 요의 수나 규모, 생산유적의 규모가 커지는 양상이 나타나는데 여러 지역에서 비슷하게 낮은 완이나 초기 개배, 토제아궁이틀 등 백제 유물이 나타나고, 이후 외래계 요소도 추가되는 점에서 이를 영산강유역 지역세력의 성장으로만 말하기는 어렵다고 판단된다. 충청지역의 토기요지나 토기 등과 이어지고 있는 점에서 이 지역세력을 매개로 한 백제와 영산강유역의 관계가 상정된다. III-2단계 이후 영산강유역 토기요지의 토기는 어느정도 정형화, 통일성도 나타난다. 이는 자체적인 변화나 발전도 있었겠지만 그보다 백제의 영역화과정의 결과일 가능성이 크다. 그 영향으로 지역별로 어느정도 통일적인 영산강유역 지역양식의 형성이 가능했다고 할 수 있을 것이다.

【참고문헌】

顧幼靜, 2005,『한국 경질토기의 기원연구』, 전남대학교 대학원 석사학위논문.

金昌億·金才喆, 2000,「三國時代 土器가마 調査方法論」,『발굴사례연구논문집』한국문화재조사연구전문기관협회.

김낙중, 2012,「토기를 통해 본 고대 영산강유역 사회와 백제의 관계」,『호남고고학보』42.

박수현, 2005,「湖南地方 土器窯址에 관한 一試論」,『湖南文化財研究院 研究論文集』1, 호남문화재연구원.

박순발, 1998,「4~6세기 영산강유역의 동향」,『第9回 百濟研究 國際學術大會 -百濟史上의 戰爭-』, 忠南大學校 百濟研究所.

朴淳發, 2001,「榮山江流域 前方後圓墳과 埴輪」,『한·일 고대인의 흙과 삶』특별전 도록, 國立全州博物館.

朴淳發, 2003,「熊津·泗沘期 百濟土器 編年에 대하여-三足器와 直口短頸壺를 중심으로」,『百濟研究』37.

박순발, 2006,『백제토기 탐구』, 주류성.

徐賢珠, 2006,『榮山江 流域 古墳 土器 研究』, 學研文化社.

서현주, 2010,「완형토기로 본 영산강유역과 백제」,『湖南考古學報』34.

서현주, 2012,「영산강유역권의 가야계 토기와 교류 문제」,『湖南考古學報』42.

成正鏞, 2000,『中西部 馬韓地域의 百濟領域化過程 研究』, 서울大學校 大學院 博士學位論文.

오동선, 2016,「榮山江流域圈 蓋杯의 登場과 變遷過程」,『한국고고학보』98.

이상준, 2008,「토기가마(窯) 조사·연구 방법론」,『제5기 매장문화재 발굴조사원 연수교육』, 국립문화재연구소.

이영철, 2011,「영산강 상류지역의 취락변동과 백제화 과정」,『百濟學報』6.

이정호, 2003, 「영산강유역 고대 가마와 그 역사적 성격」, 『삼한·삼국시대의 토기생산 기술』, 제7회 복천박물관국제학술대회.

이지영, 2008, 「호남지방 3~6세기 토기가마의 변화양상」, 『湖南考古學報』30.

李知泳, 2011, 「光州 杏岩洞가마 出土 土器의 燒成技術 小考」, 『全南考古』4·5, 全南文化財研究院.

이지영, 2015, 「삼국시대 토기가마의 축조기술 검토」, 『古文化』86, 한국대학박물관협회.

정일, 2008a, 「광주 행암동유적을 통해 본 백제시대 토기가마 -5~6세기를 중심으로-」, 『제58회 백제연구 공개강좌 자료집』, 충남대학교 백제연구소.

정일, 2008b, 「호남지역 마한·백제 토기의 생산과 유통」, 『호남고고학에서 바라본 생산과 유통』, 제17회 호남고고학회 학술대회.

酒井清治, 2004, 「5·6세기 토기에서 본 羅州勢力」, 『百濟研究』39.

崔卿煥, 2010, 「百濟 土器窯址에 대한 研究」, 忠南大學校 大學院 碩士學位論文.

洪鎭根, 2001, 「離床材·離器材 試論」, 『東垣學術論文集』4, 國立中央博物館.

洪鎭根, 2003, 「三國時代 陶質土器의 燒成痕分析」, 『삼한·삼국시대의 토기 생산 기술』, 제7회 복천박물관국제학술대회.

국립광주박물관, 1993, 『新昌洞 遺蹟-제1차 발굴조사 개보-』.

국립광주박물관, 2001, 『光州 新昌洞 低濕地 遺蹟Ⅲ』.

국립나주문화재연구소, 2011, 『羅州 五良洞 窯址Ⅰ-1~4차 발굴조사보고서-』.

국립나주문화재연구소, 2013, 『영산강유역 고대생산유적』.

국립나주문화재연구소, 2014, 『羅州 五良洞 窯址Ⅱ-5~6차 발굴조사보고서-』.

국립나주문화재연구소, 2017, 『羅州 五良洞 窯址Ⅲ-7~8차 발굴조사보고서-』.

金貞愛·李志映·韓銃善·朴秦泳, 2009, 『나주 운곡동유적Ⅱ』, 馬韓文化財研究院·羅州市.

대한문화재연구원·나주미래산단주식회사, 2016, 『羅州 東水洞 遺蹟』.

대한문화재연구원, 2018,「화순군 화순읍 삼천리 골재채취 구간내유적 약보
　　　고서」(유인물).

목포대학교박물관, 2018,「2018년도 해남 군곡리 패총 발굴조사 학술자문회
　　　의 자료」(유인물).

馬韓文化研究院 · (재)나주미래산단, 2015,『羅州 長山里 長沙 · 良山里 良池
　　　村遺蹟』.

申相孝 · 李宗哲 · 尹孝男, 2007,『光州 新昌洞 遺蹟』, 國立光州博物館 · 益山
　　　地方國土管理廳.

圓光大學校 馬韓 · 百濟研究所 · 全羅北道 1984,『高敞中月里文化遺蹟調查報
　　　告書』.

이기길 · 김선주 · 최미노, 2003,『영광 마전 · 군동 · 수동유적』, 조선대학교
　　　박물관 · 한국도로공사.

李暎澈 · 朴泰洪 · 朴聖誕, 2013,『羅州 新道里 新坪遺蹟 Ⅰ地區』, 대한문화재
　　　연구원 · 한국토지주택공사.

이정호 · 박철원 · 이수진, 2003a,『나주 신가리 유적』, 동신대학교문화박물관.

이정호 · 박철원 · 이수진, 2003b,『나주 촌곡리 · 석전리유적』, 동신대학교문
　　　화박물관.

이정호 · 이수진 · 홍민영 · 기진화 · 윤효남, 2013,『나주 신도리유적』, 동신
　　　대학교문화박물관.

林永珍 · 李昇龍 · 全炯玟, 2003,『咸平 昭明 住居址』, 全南大學校博物館 · 韓
　　　國道路公社.

林永珍 · 趙鎭先 · 徐賢珠 · 宋恭善, 2004,『咸平 禮德里 萬家村 古墳群』, 全南
　　　大學校博物館 · 咸平郡.

林永珍 · 趙鎭先 · 李廷珉 · 姜銀珠, 2010,『光州 龍頭洞 遺蹟』, 全南大學校博
　　　物館 · 大韓住宅公社 光州全南地域本部.

全南文化財研究院, 2011,『光州 杏岩洞 土器가마』.

全南文化財研究院・光州廣域市 建設管理本部, 2006,『光州 細洞遺蹟』.

전북문화재연구원・한국도로공사 담양건설사업소, 2007,『高敞 南山里遺蹟-住居址-』.

全榮來, 1984,『高敞 雅山地區支石墓發掘調査報告書』, 全州市立博物館.

조근우 외 8인, 2014,『羅州 新道里 道民洞Ⅰ・新坪Ⅱ遺蹟』, 馬韓文化財研究院・한국토지주택공사.

崔秉鉉・金根完・柳基正・金根泰, 2006,『鎭川 三龍里・山水里 土器 窯址群』, 韓南大學校中央博物館.

崔盛洛, 1989,『海南郡谷里貝塚Ⅲ』, 木浦大學校博物館・全羅南道・海南郡.

최성락・이정호・박철원・이수진, 2004,『오량동 가마유적』, 목포대학교박물관・동신대학교문화박물관.

최성락・정영희・김영훈・정혜림, 2012,『나주 황동유적Ⅰ』, 목포대학교박물관.

崔榮柱, 2007,「鳥足文土器의 變遷樣相」,『한국상고사학보』55.

최완규・조규택, 2006,『高敞의 住居址Ⅱ-牛坪里Ⅱ, 洛陽里, 城南里Ⅰ・Ⅴ-A・Ⅴ-B・Ⅵ遺蹟-』, 圓光大學校 馬韓・百濟研究所・韓國道路公社.

충청북도문화재연구원, 2015,『청주 오산리유적』.

한강문화재연구원・광주광역시, 2017,『광주 하남3지구 유적』.

湖南文化財研究院・光州廣域市都市公社, 2008a,『光州 山亭洞遺蹟』.

湖南文化財研究院・光州廣域市都市公社, 2008b,『光州 河南洞遺蹟』.

湖南文化財研究院・益山地方國土管理廳, 2007,『光州 飛鴉遺蹟』.

호남문화재연구원・전라남도, 2018,『羅州 月陽里 九陽遺蹟(2지역)』.

湖南文化財研究院・韓國道路公社, 2007,『潭陽 台木里遺蹟Ⅰ』.

학술대회 축사(박지원 국회의원)

학술대회 축사(손금주 국회의원)

학술대회 축사(윤영일 국회의원)

학술대회 축사(유인학 전 국회의원)

학술대회 특별강연(강봉룡)

학술대회 주제발표(김진영)

학술대회 종합토론(발표자 및 토론자)

학술대회 단체촬영(발표자 및 토론자)

『영산강유역 마한사회의 여명과 성장』
학술대회 종합토론

좌 장 김승옥(전북대학교)

발표자 강봉룡(목포대학교)
김진영(문화발전연구소)
이정호(동신대학교)
이영철(대한문화재연구원)
서현주(한국전통문화대학교)

토론자 성정용(충북대학교)
한지선(국립중원문화재연구소)

김승옥 : 아직 시간이 남아있지만 토론시간이 제한된 관계로 지금부터 종합토론을 시작하겠습니다. 저는 종합토론의 사회를 맡은 전북대학교의 김승옥입니다. 오늘 종합토론을 시작하기 전에 발표자는 다 소개를 올렸고 토론을 하실분을 소개해 드리겠습니다. 제 오른쪽 제일 끝에 계시네요. 충북대학교 성정용 교수님이십니다. 반대편에 있는 분은 국립중원문화재연구소 한지선 선생님이십니다. 오늘 학술대회 주제가 영산강유역의 마한입니다. 학술대회에서 마한과 백제에 대해 많은 이야기가 있었습니다. 마한과 백제는 불가피한 관계이고 따로 생각할 수가 없는 관계이죠. 마한과 백제의 관계는 대나무와 죽순의 관계이다 할 수 있죠. 마한과 백제는 따로 생각할 수 없는 존재인데 아까 박지원 의원님 말씀중에 본인도 아직까지 마한을 잘 모르고 있었다. 이런 말씀을 하신 것처럼 일반인들에게 상대적으로 백제는 잘 알려져 있는 거 같은데 마한은 상대적으로 덜 알려지지 않았나 이런 생각이 듭니다. 그래서 오늘 학술대회는 마한을 좀더 알리기 위해 기획된 것으로 생각하고 있습니다. 오늘 토론은 일반학술대회와 마찬가지로 지정토론을 먼저 진행하도록 하겠습니다. 지정토론은 오늘 발표가 크게 마한의 취락과 고분으로 나뉘어져 있죠. 지정토론은 취락부터 먼저 시작을 하도록 하겠습니다. 한지선선생님께서 먼저 지정토론을 시작하시죠.

한지선 : 제가 이영철선생님과 서현주선생님께 한가지씩 질문을 드리는 것으로 하겠습니다. 그럼 토론을 먼저 시작하겠습니다. 이영철선생님 발표를 듣고 마한에 대해 다시 생각하는 계기가 되었습니다. 그만큼 마한을 이해해야 그 시기에 대한 변화상이라던지

취락의 형성과 변화에 대해서도 이야기 할수 있습니다. 제가 발표를 들으면서 궁금했던 사항에 대해 말씀드리겠습니다. 아까 말씀하신 태목리는 3~4세기대에 평화로운 사회였고 특정한 위계를 가진 지배층이 존재하지 않고 소규모의 구역을 관리하는 것이 존재하였다는 측면에 말씀하셨는데요. 그러면서 예로 들었던 것이 대전, 순천, 담양의 마한계 유적에서도 동일한 양상을 보이고 있는 것을 말씀하셨습니다. 그러한 측면에서 본다고 할 때 3~4세기에 마한 연맹체 단계에 일반적으로 이해할 수 있는지 하는 부분, 또는 차이점이 영산강유역에 다른지역에 있다면 어떤 차이점이 있는지 질문을 드리고 싶습니다.

김승옥 : 이영철 선생님께서 답변을 하시기 전에 이 문제는 토론문을 보니까 성정용선생님이 김진영선생님 발표에 대해서 질문한 부분과 중복된게 있습니다. 성정용 교수님께 나중에 시간을 따로 드릴겠지만 이부분과 관련된 김진영선생님 발표에 대해 질문을 간단히 해주시죠.

성정용 : 청동기시대 사회부터 사회발전상에 있어서 군장과 족장 등 여러 가지를 애기를 하고 계시는데 다뉴경같은 경우도 그렇구요.

김승옥 : 제가 정리를 하겠습니다. 지금 김진영선생님과 이영철선생님의 발표에는 시기적으로 약간 차이가 있는데 성정용교수이 질의한 내용중에 하나는 김진영선생님이 우두머리의 존재를 표현을 하였구요. 수장이 되었든 군장이 되었든지요. 성정용교수님의 질문 중에서 첫 번째는 수장과 군장을 구별하였는데 이게 전형적

으로 구별될 수 있느냐? 두 번째는 김진영선생님은 수장이던지 군장이던지 우두머리가 존재를 했다고 정리할 수 있고 이영철 선생님 발표는 친족중심의 군장들은 있는데 총괄하는 우두머리는 없다. 이렇게 요약 정리할 수 있을 거 같습니다.

성정용 : 사회자 선생님께서 정리를 잘 해 주셨습니다. 김진영선생님의 말씀은 기원전에 청동기시대에는 족장, 그것을 대체하는 토광묘사회에는 군장으로 표현하신 것 같습니다. 그런데 같은 의미로 볼 수 있는 족장과 군장을 나눠어 쓴 이유는 무엇인지요. 그리고 계층화가 진전되는 것으로 표현을 하셨는데요. 그런데 이영철선생님의 발표를 보면 기원 이후가 되면 갑자기 평등사회처럼 보이게 됩니다. 이것을 어떻게 이해해야되는 것인지요. 이영철 선생님이 말씀하신 평등사회가 김진영선생님이 말씀하신 기원전부터 이어지는 계층화가 덜 된 사회일 리가 없을 텐데 아니면 계층화가 진행되다가 계층화가 약화되어 평등하게 되었던 것인지 다양한 문제가 내포되어 있습니다. 그래서 한마디로 정리할 수 있는 문제가 아니기는 하지만 부연설명이 필요합니다.

김승옥 : 김진영선생님께서 수장과 군장을 구별해서 말씀하신 부분에 대해 답변을 부탁드립니다.

김진영 : 제가 원고를 준비하는 과정에서 5시기로 구분하고 고고학적인 양상들을 정리를 하다가 생각을 하였습니다. 지역의 토착민이라던지 지역의 자긍심 고취 등 이런부분을 가지고 생각을 해보다가 우리지역이 충청도나 기원전1세기정도의 변한과 진한지

역처럼 화려한 고고학적 양상이 우리지역에서 확인되지 않는다고 우리 스스로 우리지역의 정치체의 수준을 굳이 낮게 생각할 필요가 있을까라는 생각을 해보았습니다. 그런 과정에서 고민을 했는데 고고학적 양상을 보았을 때 유물의 부장품이라던가 아까 이영철선생님께서 말씀하신 취락에서 보이는 모습이 확인되지 않은 것은 사실입니다. 그래서 저도 이부분을 가지고 고민을 하였습니다. 족장과 군장의 차이에 대해서는 역사적인 통설인 교과서에 나온 부분들을 인용을 하여서 처음으로 국가의 형태를 이루는 단계를 군장사회로 볼 수 있다고 한 그러한 부분에 착안을 하여 지석묘사회는 족장사회로 보며 기원전 2세기때부터 군장사회가 출연한 것으로 정리를 해 보았습니다.

김승옥 : 수장이나 군장은 인류학이나 고고학에서 같은 수준의 우두머리를 표현하는 것이기 때문에 단지 김진영선생님이 말씀을 하려고 했던 것은 족장 또는 군장이 되었던 두 사회의 정치구조, 사회구조가 개인중심 또는 개인성향의 족장사회냐, 아니면 집단성향의 족장사회냐 핵심은 거기에 있는거 같습니다. 이영철선생님은 취락에 한정해서 말씀을 하셨습니다. 그런데 고분자료를 동시에 살펴볼 때 어떠한 양상이 나오는지 말씀해주시면 감사드립니다.

이영철 : 한 집단의 절대 권력자, 절대적인 힘을 가진자에 의해서 한 집단이 운영이 되느냐 안되느냐 전 거기에 포인트가 있습니다. 그리고 그 기준은 고총고분이 등장한 이후에 확실하게 드러나는 권력자의 가시화가 그 이전에도 있었느냐를 확인하는 과정에서

그 전에는 잘 안보입니다. 이러한 것들이 마한에서 백제로 이행되는 과정에서 두 개를 굳이 고고학자료로 구분하자면 구분의 잣대가 될 수 있지 않겠느냐 그런취지에서 말씀드렸습니다. 취락자료에서만 우두머리의 존재가 잘 드러나지 않는 거고 고분자료에서는 보일수도 있는거 아니냐라는 질문을 할 수 있습니다. 제가 글에서 다룬 부분은 3세기에서 5세기 전반까지입니다. 그 이전은 차치하겠습니다. 3세기에서 5세기전반까지 영산강유역에 나타나는 고분 중에 분구를 단독으로 갖는, 주인공 혼자만 들어가 있는 고분은 아직까지 거의 못보았습니다. 다들 아시는 것처럼 영산강유역은 다장 전통이 강하죠. 하나의 분구에 여러 피장자가 들어가 최종 완성되는 것이죠. 이정호교수님 발표에도 나와있지만 저는 만약에 고분에서도 특정 우두머리의 존재가 있고 그것을 무덤에 가시화 시키는 매장풍습이 있었다면 영산강유역에서 일반적으로 드러나야된다고 생각되는데 그런것들이 드러나지 않기 때문에 고분도 취락의 분석결과와 동일한 현상을 확인 할 수 있고 제가 발표에서 여러 고분전공자 선생님들이 내린 결론을 재차 설명드린 이유도 거기에 있습니다.

김승옥 : 한지선 선생님이 질문을 하셨는데 혹시 한지선 선생님은 이영철 선생님의 의견에 달리하시는 부분이 있으신가요?

한지선 : 아니요. 의견을 달리하는 부분은 아닌데요. 아까 제가 질문을 드렸던 것은 취락의 친족중심의 지역전통이라고 했던 시기가 3세기부터 5세기 초반까지 상당히 길죠. 이러한 것들이 아까 이야기 했던 것처럼 담양 태목리만의 특징이 아니라 마한사회를 대

표하는 특징으로 인식을 하는 상황에서 이해를 해야 되는 것 인가 하는 일반론적인 접근으로써 가능하는지 질문을 드렸거든요. 일반론적 접근으로 마한 사회의 이해가 가능할지 조금 더 부연설명을 해주시면 감사드립니다.

김승옥 : 사회자가 말을 많이 하면 안되지만 제 개인적인 생각으로는 취락과 고분의 자료가 다를수도 있다고 생각하지만 그 부분은 생략을 하고 한지선 선생님 다음 질문해 주시죠.

한지선 : 이영철 선생님도 그렇게 생각하시는 것 같습니다. 다음으로 서현주 선생님 발표 잘들었습니다. 생산유적으로 시기구분을 해서 마한사회의 성격을 규명 하는데에 있어 굉장히 체계적으로 설명을 하셔서 한 눈에 이해를 할 수 있어서 좋았던 발표였는데요. 다만 선생님께서 원고상으로 언급했던 부분에 있어서 약간 시점을 달리해서 볼수 있을까 싶어서 오량동유적과 삼항동유적의 성격에 대한 문제 인데 주변에 취락이 형성되지 않는 점, 다양한 토기형식이 생산되는 점, 왜계 스에키 개배가 확인되는 점 등이 결과적으로 지역적인 차별성을 잘 보이지 못한 점이 아닌가, 그것 때문에 토기의 생산과 유통이 잘이루어지지 않았기 않느냐, 제가 좀 비약했을수도 있는데, 다양한 토기가 생산되었다는 것은 다양한 제작방식을 가진 장인들이 그 지역에 집중되었을 가능성이 존재하는지에 대한 질문입니다. 이렇게 취락과 동떨어진 토기제작을 위한 토기에 집중한다고 인지한다면 오히려 유통에 대해서는 더 광범히 했다고 볼 여지는 없는것인지 그런 부분에서 조금 더 부연설명 부탁드리겠습니다.

서현주 : 두 유적은 약간의 시차는 있지만 비슷한 시기에 시작된 유적이
라 생각합니다. 두 가마가 비슷한 양상을 보이고 있기도 합니
다. 어떻게 보면 유통이 체계적이지 못했다고 표현했던 부분은
그 앞 시기에 비하면 조금더 전업적이기도 했고 그런 차이는 있
지만 그 뒤 6세기대에 고분 등에서 보다 많은 토기 들이 나오면
서 영산강유역 내부적으로 지역적인 차이를 좀 더 보여주고 있
는 그 때 보다는 그 이전단계의 양상입니다. 그래서 그 때 보다
는 좀더 체계적이지 못했다라는 표현을   습니다. 다양한 제작
방식을 가진 장인들이 모일수 있다고 생각은 합니다. 그런데 그
사람들이 다양한 제작방식을 가졌으니 여기서 토기를 만들겠다
고 하지는 않았을 것이다라고 생각을 하구요. 결국은 이러한 토
기가마 군집을 운영했던 주체나 중심세력이 존재하였다고 생각
하는 입장에서 이런표현을 썼습니다.

김승옥 : 상대적인 부분으로 말씀을 하셨구요. 전 단계에 비해서는 굉장
히 체계적이었다. 이렇게 정리할 수가 있을것 같습니다. 서현주
선생님의 발표에 대한 토론은 일단 여기서 마치고 다음으로 넘
어가겠습니다. 성정용교수님의 토론문을 보면 여기 기조강연을
한 강봉룡선생님도 계시지만 거의 기조강연 못지 않게 내용이
정리가 잘되어있고 광범위하게 다뤄져있습니다. 시간관계상 하
나씩 부탁드립니다.

성정용 : 마한의 초기사회와 후기사회의 모습이 얼마나 차이가 있는지 이
해하는 차원에서 족장과 군장이야기가 나왔습니다. 기원전에는
개인의 권위가 반영되는 모습이고 기원후로 가면 이정호선생님

발표에도 나오지만 집단적입니다. 간단히 생각하자면 기원전
에는 개인의 권위와 관계가 되는 것이고 기원후에는 집단의 모
습이 보이거든요. 그렇다면 개인의 권위가 반영되는 사회와 집
단의 사회는 뒤로 가면서 더 진전된 사회일까요? 우리가 마한을
이해하는데 근본적인 이 질문을 발표자 여러분들께 모두 여쭤
보고 싶습니다.

김승옥 : 좋은 말씀이지만 심도 있는 논의는 다음 학술대회 주제로 잡아
서 진행해야 될 거 같습니다. 다음으로 이정호 선생님 발표에
대한 토론을 해주시면 감사드립니다.

성정용 : 이정호선생님께는 한가지 여쭤보고 싶습니다. 마한 후기쪽에
가까운 사회모습들을 말씀해주셨는데요. 마산리 표산고분 같은
경우에는 재지로 말씀을 하셨거든요. 그렇다면 재지와 왜계를
구분할 수 있는 기준은 무엇일까? 그리고 어떤 것을 재지, 어떤
것을 왜계로 보는 것이 타당할지 고고학적으로 어떻게 구분해
야 되는 것인지 질문드립니다.

김승옥 : 성정용선생님께서 질문한 내용도 또 다른 복잡한 학술대회를 개
최해야될만한 문제인데 이정호선생님의 답변을 부탁드립니다.

이정호 : 영산강유역 전방후원분 횡혈식석실의 가장 골치 아픈 문제가 아
닐까 싶습니다. 왜인의 피장자일까 아니면 재지세력의 피장자
일까 구분하는 것은 지금단계에서 힘들다고 봅니다. 다만 이게
옳은 것인지는 모르겠지만 표산고분같은 경우는 아주 좋은 기

회가 있어서 광범위하게 발굴조사를 하여 이건 확실히 재지고 분이라고 이야기 할 수 있었지만 다른 고분들 같은 경우는 광범위한 발굴조사가 이루어지지 않고 고분 자체만 조사를 하였기 때문에 주변의 정황을 알 수 없거든요. 그래서 광범위한 조사가 이루어지면 내용을 좀 더 알 수 있을 것으로 생각합니다.

김승옥 : 오늘 학술대회가 국회의사당에서 열리고 있는데 국회라는 곳은 여러분들도 잘 아시겠지만 입법과 관련된 기관입니다. 저희가 영산강유역의 마한을 주제로 학술대회를 하고 있는데 마한이라는게 시간과 공간 그리고 정의내리기 굉장히 어렵습니다. 백제는 상대적으로 다들 알고 있는데 마한은 굉장히 복잡합니다. 시작시기와 끝나는 시기도 논란이 많이 있구요. 입법과 관련해서 저희가 말씀드릴 내용이 있을지는 잘 모르겠지만 논란이 되는 주제는 조금 피하고 저희가 이야기 할 수 있는 공통되는 주제가 머가 있을지 생각을 해보았습니다. 마한 사회는 서울, 경기, 충청, 전라도에 걸쳐 있지만 우리 학술대회 주제에 맞게 영산강유역에 한정을 시켜서 마한의 시작은 언제인가에 대해서 연구자들마다 견해가 다 틀리지만 영산강유역 마한을 이야기 할 때 고고학적인 자료로 이야기 했을 때 마한을 하나의 물질문화를 가지고 시작점을 설명했을 때 어떤 것을 예로 들 수 있을까요? 이 부분에 대해서 의견을 나누었으면 합니다. 강봉룡선생님께서 포문을 열어주시죠.

강봉룡 : 여기에서 문헌을 전공하면서 영산강유역 고대사를 연구하는 사람은 제가 유일하다고 생각합니다. 고고학자 여러분들이 발굴

을 하고 정리도 체계적으로 하고 고생이 많으신 것 같습니다. 영산강유역 마한사회라고 할 때 일단 그 범위를 설정을 해야 할 것 같습니다. 영산강유역권과 해남에서 고창까지 서해 남부권을 포괄하는 부분들은 대게 동의가 되는 거 같습니다. 그 테두리에 있는 고대사회를 하나의 단위로 설정할 수 있는 방법은 3가지 정도 있는거 같습니다. 첫 번째로는 문화권이냐, 문화적인 동질성이 있느냐, 두 번째는 하나의 생활권을 이루고 있느냐, 세 번째는 하나의 단일 정치권을 형성하고 있느냐 이런 것들을 일단 판단하는 것이 중요할거 같습니다. 지표가 되는 물질자료는 역시 지석묘와 옹관묘가 아닐까 생각을 해봅니다. 일단 범위 설정에 문화권, 생활권, 정치권 이런 부분을 하고 아이덴티디가 나오면 다른 곳과의 비교를 하는 연구를 진행하면 좋을거 같습니다. 그러나 현재 범위 설정이 애매하여 마한사가 무엇인지 전부 다 머릿속에 있는 마한사는 각기 다르다고 생각이 들었습니다. 그리고 신미제국 29국이라는 국이라는 단위가 나오거든요. 국이라는 것을 삼국지에 나오는 76국, 54국등과 반드시 동질적인 것으로 볼 필요는 없다고 봅니다. 중국자료에 보면 국 에 대한 문제는 굉장히 다양합니다. 영산강유역의 29국이 삼국지에 나오는 국 과는 차원이 다른데요. 삼국지에 나오는 국은 오늘날 단위로 보자면 군 정도에 해당이 되는데요. 저는 예전 논문에서 영산강유역의 국이라는 존재는 읍락정도에 해당한다고 하였습니다. 백제가 양나라에 사신을 보내서 22개의 담로가 있다고 하였습니다. 그런데 백제 사신을 따라서 갔던 신라의 사신은 52개의 읍이 있다고 했습니다. 그런데 신라와 백제를 비교해보면 신라가 백제의 2배 이상 크지는 않거든요. 그래서 신라는 읍의 단위, 백제는 소국의 단위로 했던 것인데요. 그런면에서 영산강유역의 국이라는 존재는 읍락정도에 해당된다. 그리고 그다음으로 수장이 있느냐 없느냐 오늘 중요한 논의가 나왔는데 대게 정치권력은 고분이나 성곽을 가지고 논하였는데 오늘 이영철선생님이 취락을 가지고 수장의 존재는 안보인다. 고분을 연구한 사람들도 비슷한 의견을 냈다. 그런데 마한을 제외한 다른 지역에서는 우두머리가 확실히 보이는지 수장이라는 존재를 꼭 한사람만 보는게 맞는것인지 예를 들어 경주에 수장들이 6명이 있었는데 신라를 건국하였고 백제도 3개의 집단이 서로 교류했다는 것을 이기동 선생님이 이야기를 하셨습니다. 여러 수장들이 응집하여 회의를 통하여 대표를 정하는 것이 아니였는지 그런 양상도 나타나는 것 같습니다.

김승옥 : 정치체로써 마한을 이야기하는 것이 아니고 문화권이라고 할까요? 폭넓게 문화권으로써의 마한을 이야기 했을 때 마한의 시작부터 끝까지 연속적으로 이어지는 물질적인 자료는 무엇이냐? 문화적으로 보게 되면 강봉룡선생님 답변은 옹관묘와 지석묘로 말씀을 하셨는데 지석묘도 마한과 관련이 되지만 어느 시점에 이르게 되면 소멸을 합니다. 여기에 대해서 김진영 선생님의 의견도 말씀해주시면 감사드립니다.

김진영 : 영산강유역에서 마한의 시작은 지석묘사회의 종말과 함께한다고 생각합니다. 제가 다룬 기원전 3세기에서 기원후2세기의 고고학적인 자료를 보면 그림에서도 잘 나타나 있지만 이시기의 유적이 약20개소밖에 존재하지 않는 이유가 무엇일까를 생각

하여 보면 이시기가 가지고 있는 특징, 고고학에서 말하는 전환기의 시대, 과도기의 시대라고 하는데 시대적 특징을 그렇게 잡아놓고 고고학의 전형적인 형식분류를 해야하는지 의문이 들고 그 과정에서 보자면 지석묘가 돌을 사용하여 축조를 하였고 새로운 물질문화가 대표적으로 목관묘라는 무덤을 통해서 청동기라는 문화를 가지고 들어오게 되는데 지석묘가 이러한 부분들을 수용을 하면서 지석묘가 점차 사라진다고 보았고 이 과정속에서 보면 기원전 1세기 정도부터 토광묘의 세력들이 대두가 되다가 기원후 3~4세기에 옹관묘세력들이 부상이 되거든요. 그 과정 속에서 보면 토광묘와 옹관묘는 같은 묘역군 안에서 존재를 합니다. 특히 주구토광묘를 보면 매장주체부의 주 형식은 토광묘이지만 옆에 옹관묘들이 매장된 형태로 나타나는데 그런 부분들을 저희가 어떤 식으로 바라볼지 앞으로 좀더 연구해야 될 부분이라고 생각합니다.

김승옥 : 같은 부분에서 성정용선생님의 말씀도 부탁드립니다.

성정용 : 네. 가장 중요한건 저는 문헌과 고고학자료를 종합하여 살펴보아야 한다고 생각합니다. 195년 전에 '한'이라는 명칭으로 불리우고 있었던 것이죠. 그게 무엇이냐고 했을 때 물질문화상으로 말씀하셨던 것처럼 지석묘를 대체하는 새로운 물질문화 즉 점토대토기라던지 토광묘 문화가 기반이 되었지 않을까 싶은데요. 그 사람들이 원래 있었던 사람들인가 아니면 어디서 이주해서 왔던 사람들인가 하는 문제도 있습니다. 기원후가 되면 아까 말씀하셨던 것과 같이 옹관묘나 철검 같은 문화로 대체가 되

기도 합니다. 그래서 기원이전과 기원이후가 문화적으로 동질한 연속선상에 있는것이냐, 꼭 연속선상에 보이지 않는 부분도 있습니다. 그러나 서해안과 서남해안의 분구묘문화가 언제부터 쭉 이어져 내려오는 부분이 보입니다. 새로운 문화가 만들어져 영산강유역에서 강조되고 있는 옹관묘 등으로 이어져 보일수도 있다고 말씀드릴수 있겠습니다.

김승옥 : 말씀해주셨던 내용이 제가 생각했던 부분과 비슷합니다. 취락을 제외하고 토광묘나 옹관묘 등 고분을 중심으로 마한의 대표적인 물질문화는 무엇인지 이정호선생님의 말씀을 들어보겠습니다.

이정호 : 영산강유역의 마한을 상징적으로 이야기하는 것은 옹관이지만 석실분 등도 있기 때문에 하나로 딱 이야기하기는 어렵습니다.

김승옥 : 영산강유역의 마한의 원류를 계속 추적해 올라가는 것이 영산강유역의 마한을 설명하는데 매우 유익할 것이다라는 생각이 들어서 말씀을 나누어 보았습니다. 마한문화가 영산강유역에서 정점을 이루고 가장 꽃을 피웠느냐 그렇다면 영산강유역이 가지고 있는 경쟁력은 농경이라고 이야기 할 수 있는데 마한문화가 영산강유역에서 정점을 이루고 마지막까지 존속하였는지 이 부분을 가지고 이야기를 나누어 보고자 합니다. 이영철 선생님 말씀해주시죠.

이영철 : 저는 좌장선생님께서 이야기하신 부분에 대해 '삼성'은 '전자',

'현대'는 건설, 이렇듯이 '마한' 하면 어떤 물질자료를 이야기 할 수 있느냐 이런 말씀이신거 같은데요. 오늘 축사부터 기조강연에서도 나왔지만 마한은 9백년가량 존속되었다는 것을 다들 인정하시는거 같습니다. 그런데 문헌에 보면 이것이 하나의 나라가 아니라 수십개의 나라가 모여서 우리가 마한이라고 칭하고 있지 않습니까? 그런데 이것을 하나의 물질자료로 얘기하자는 것이 무리다 라고 생각합니다. 마한은 시간에 따라서 그 시대적 상황에 따라서 물질자료는 변한다고 생각하기 때문에 마한의 다양성 문화를 정리하는 것이 필요하다고 생각합니다. 두 번로 영산강유역 마한문화가 6세기까지 오랫동안 보이느냐 이것을 저는 같은 '한'의 뿌리를 두고 있는 백제와 마한의 관계에서 생각합니다. 마한과 백제는 경쟁적이거나 서로 배타적인 관계가 아니였고 다툼이 있었어도 뿌리는 하나였습니다. 그래서 저는 마지막까지 영산강유역에서 마한의 문화가 남아 있다고 생각합니다.

김승옥 : 마한을 대표하는 물질문화가 아니고 마한의 시작부터 끝까지 이어지는 물질문화를 말씀해주시라는 의도였습니다. 두 번째로 한지선선생님, 한강유역에서 저 멀리 영산강을 내려다보며 무엇인가 메리트가 있었기 때문에 그렇게 마한 문화가 꽃을 피웠겠죠? 어떻게 생각하시는지요.

한지선 : 확실히 백제와 마한지역과의 관계는 특수한 관계였다고 생각이 듭니다. 독자성이 유지가 되었다는 것도 마한 사회에서도 충분히 받아 들일수 있었기 때문에 별다른 저항이 없이 관계가 유지

될 수 있었다고 생각합니다. 백제의 지배방식과 기존에 존재했던 마한의 소국들의 정치적 이해관계가 서로 맞아 떨어졌다. 그 속에서 정치적으로는 일원화되어 있었어도 문화는 독창적으로 발전할 수 있었던, 아까 다양성이라도 말씀도 하셨는데요. 그런 다양성들이 영산강유역 뿐 아니라 충청도에서도 토기라던지 묘제방식이라던지 물질문화들은 독자성이 유지되고 있습니다. 그래서 아까 강봉룡선생님이 말씀하신 문화권, 생활권, 정치권이라고 했을 때 정치권의 일원화는 백제가 가지고 있었을 것이지만 생활권이나 문화권에 있어서는 지역적인 독자성이 상당히 일어나고 있었다라고 생각합니다.

김승옥 : 잘 들었습니다. 이에 대해 강봉룡선생님의 의견도 들어보겠습니다.

강봉룡 : 오늘의 주제는 영산강유역의 마한사회에 한정되어 있고 그 영산강유역을 대표하는 물질문화는 지석묘와 옹관묘라고 생각합니다. 영산강유역 마한사회가 그 전에는 백제의 일부였다고 생각을 하였는데 아니다라고 하는 회의론이 나오고 그리고 다양성이라는 부분이 단순히 유물의 다양성이 아니라 위신의 다양성도 존재한다고 생각합니다. 일본과의 교류 등 정치적 외교관계의 다양성도 존재합니다. 영산강유역의 대외관계를 백제에만 한정시켜보는 것이 아니라 가야, 왜, 고구려 등과의 관계 등 외부적인 요인에 의해 영산강유역이 다양하게 변화하면서 전개되어 왔습니다. 영산강유역의 고대사회 자체의 관점에서 한번 들여다보는 것이 필요하지 않을까 그렇게 생각합니다. 정치 외교

적인 다양성은 서해와 남해가 만나고 일본과 중국과 통하는 해양 환경속에서 전개되었습니다. 영산강유역 마한사회는 이러한 다양성과 복합성 그리고 옹관고분이라고 하는 굳건한 토착세력을 중심으로 이루어져 왔습니다.

김승옥 : 잘 들었습니다. 서현주 선생님도 한말씀 부탁드립니다.

서현주 : 제일 어려운 문제인 것 같습니다. '한'의 기초문화라고 할 수 있는 송국리와 지석묘문화의 중심지의 한 곳이였고 그리고 늦게까지 그러한 독특한 문화가 남아있을 수 있었던 것은 백제에서 제일 멀리 떨어진 지역이기도 하고 지정학적인 위치가 제일 중요한 부분이라고 생각합니다. 그리고 가야와 일본에서도 백제보다 가까운 지역이였기 때문에 그러한 문화들을 수용할 수 있는 여건들이 다른 마한지역보다 가지고 있었기 때문에 그러한 문화들이 늦게까지 이루어지지 않았을까 생각합니다.

김승옥 : 농경과 관련해서 3세기부터 영산강유역 마한지역에 유적과 유물이 급증을 하는데 지리적위치 뿐만 아니라 당시의 기후와 관련하여 영산강유역이 만경강유역보다 농경을 하기 유리하였다던지 생산성이 높았다던지 그러한 가능성은 없을까요?

서현주 : 무덤이던지 취락이 급증하는 것은 2세기말에서 3세기전반으로 호서지방과 호남지방이 동일하게 나타나기 때문에 그 문제를 영산강유역에 한정하기는 쉽지 않을 것 같습니다.

김승옥 : 네 알겠습니다. 마지막으로 영산강유역 마한사회를 주제로 학술대회를 하였는데 처음에 말씀을 드린 것처럼 마한과 백제가 불가피한 관계인데 백제는 널리 알려져 있습니다. 마한은 복잡하기도 하지만 상대적으로 일반인들에게 널리 알려지지 못했죠. 국회에서 학술대회를 하는 취지를 살린다는 측면에서 마한을 어떻게 널리 알릴 것인가 혹은 정책수립이라는 측면에서 발표자분들과 토론자분들이 한 말씀씩 해주시고 학술대회를 마치고자 합니다. 성정용교수님부터 시작해서 마한을 어떻게 홍보하고 정책을 수립할지 말씀해주시면 감사드립니다.

성정용 : 제 전공이 마한이기 때문에 하고 싶은 이야기가 굉장히 많습니다. 마한의 '한' 이것이 우리 대한민국의 국호 아닌가요? 그것을 강조하신분은 한분도 없습니다. 왜 대한민국에 '한' 자가 들어갔을까요? 고종황제가 대한제국이라고 하였거든요. 염원을 담았지 않았을까요? '한'의 의미는 무언가 그런데 있지 않을까요? 그렇다면 우리가 마한이라는 테두리에서 갇혀있을 필요가 없다고 생각합니다. '한'의 시작은 마한이고 당시 한반도남부를 대표하였습니다. 그런데 영산강유역의 마한으로 축소되어버립니다. 가야는 고립된 조금한 정치체일 수 있습니다. 가야는 '한'만큼 대표하는 사회는 아니었습니다. 저는 오히려 마한을 대한민국을 대표하는 정체성을 가지고 있다고 생각합니다.

김승옥 : 네 잘알겠습니다. 김진영선생님 말씀해주시죠.

김진영 : 마한에 대해 일반시민들의 이해를 어떻게 도모하느냐에 대해서

저는 교육적으로 접근을 해보는게 좋을 것 같습니다. 학교와 교육청 등과 연계를 해서 마한의 역사라던지 교육, 체험 프로그램 등을 만들어서 학교 수업 중에 체험학습을 하는 시간을 이용하는 것이 좋을 것 같습니다.

김승옥 : 사실은 대학교수들이 열심히 노력을 해야 합니다. 그리고 종합 토론에서는 청중석의 질문도 받고 해야하는데 시간관계상 청중석의 질문을 받지 못한 점 양해말씀 부탁드립니다. 서현주선생님 말씀해주시죠.

서현주 : 저는 한반도 남부에 상당히 긴 시간동안 존재하였던 농경과 해상교류를 활발하게 하였던 문화 정치체가 바로 마한이라고 생각합니다. 그리고 앞서 말씀하신 성정용선생님과 같은 의견입니다.

김승옥 : 그렇다면 교육적인 측면에서 마한을 '한'과 연결시켜서 일반인들에게 널리 알려야한다는 말씀이신 것 같습니다. 다음으로 강봉룡선생님 말씀 부탁드립니다.

강봉룡 : 영산강유역 마한과 관련된 기록이 3세기부터 나오기 때문에 문헌과 고고학을 매칭을 시켜서 설명드렸습니다. 영산강유역 마한을 전체적으로 하기 보다는 영산강유역 마한문화의 대표적인 지석묘와 옹관묘가 가장 특징적이고 경쟁력이 있는 부분이라고 생각합니다. 그 다음으로는 도서 및 해양문화로 볼 수 있다고 생각합니다.

김승옥 : 네 알겠습니다. 현재 재단법인을 이끌고 계시고 이 문제에 가장 관심이 많을 것으로 생각되는 이영철선생님 말씀 부탁드립니다.

이영철 : 영산강유역의 마한에 대해서 대표적인 상징물과 정책을 발휘하는 것도 좋지만 좀더 크게 볼 필요도 있습니다. 결국 '한'이라고 하는 것이죠. 마한의 내적인 부분을 찾는 것은 이제 조금 자제하고 다른 쪽으로 방향을 조금 돌리는 것이 필요합니다. 마한의 국제성을 검토할 필요가 있습니다. 강봉룡 선생님 말씀에도 나왔지만 영산강유역 신미제국이 중국과의 직접적인 관계를 보자면 국제성이 보입니다. 그래서 저희 기관에서는 마한에서 가장 많이 출토되는 것이 구슬입니다. 기록에도 존재하고요. 그것을 분석을 했더니 지금의 인도에서 만들어진 유리제품입니다. 굉장히 국제적인 해상실크로드가 있었다는 것이죠. 그래서 저희 기관에서는 베트남의 국제무역항구도시를 3년 동안 앞으로 발굴하기 위해서 제가 12월에 출국을 합니다. 출국하는 이유는 마한의 정체성을 찾기 위해서입니다. 이와 같은 것들이 저희 같은 특정 법인단체에서 이루어지는 것도 의미가 있겠지만 지자체나 전라남도, 더 나아가서는 국회에서도 관심을 가져주시고 하면 저는 확실히 마한을 브랜드화 시키고 교과서에도 반영될 수 있다고 자신합니다.

김승옥 : 네 감사합니다. 다음으로 넘어가겠습니다. 이정호 교수님 말씀 해 주시죠.

이정호 : 여러 학자분들이 말씀을 많이 하셨습니다. 저는 나주복암리전

시관을 운영을 하고 역량에 맞지 않게 마한문화축제 위원장을 맡고 있습니다. 그래서 실질적으로 현장에서 이것을 어떻게 운영할 것인가 굉장히 고민을 많이 하고 있습니다. 지금까지 여러 선생님들이 말씀하신 내용을 토대로 앞으로 어떻게 운영을 할지 참고하여 고민해 나가겠습니다.

김승옥 : 네 감사합니다. 한지선 선생님은 문화재청 소속이기 때문에 문화재 정책과 관련해서 말씀 해주시면 감사드립니다.

한지선 : 잊혀졌던 역사를 복원하는 가장 빠른 길이 무엇인가는 저희는 최근 몇 년 사이에 볼 수 있었습니다. 가야가 어떻게 복원되지는 보았습니다. 국회에서 이런 학술대회를 하는 것도 이제 한걸음 나아가는 것 같습니다. 가야를 복원하듯이 이런 것들이 단순히 학계나 지자체 뿐만 아니라 정치권에서 많은 관심과 예산확보가 뒷받침 되지 않고서는 잊혀졌던 역사를 복원하기가 상당히 어렵다는 것을 알 수 있습니다. 가야연구소 같은 경우 1년에 30억을 받고, 내년에도 30억이 확보되어 있습니다. 앞으로 예산은 더 늘어난다고 합니다. 그러면 연구가 안 될 수 없고 각종 프로그램이 개발이 안 될 수 없는 거죠. 앞으로는 큰 그림을 가지고 예산확보 등을 통해 접근해야 된다고 생각합니다. 이 자리가 시작할 수 있는 좋은 자리였다고 생각합니다.

김승옥 : 예산확보가 중요하다는 말씀 잘 들었습니다. 거듭 말씀드리지만 마한의 정체성을 이야기 했습니다. 이영철 선생님이 베트남까지 가서서 마한의 정체성을 찾고자 한다고 하셨는데 대단하

십니다. 마한의 정체성에 대해 저희가 지금까지 많은 학술대회를 하였는데 정체성을 규명하기가 굉장히 어렵기는 합니다. 그래서 오늘 나온 이야기가 정치체로써 마한, 문화권, 생활권으로써의 마한의 이야기도 나왔습니다. 중앙권력이 있는 국가체제와는 다르게 마한은 독자성 및 다양성이 존재합니다. 그래서 학술적으로 정의하기 굉장히 어려운 부분입니다. 오늘 저도 개인적으로 공부를 굉장히 많이 했습니다. 어렵더라도 저희가 마한에 대한 연구를 꾸준히 이어간다면 언젠가는 마한을 자세히 알수 있지 않을까 라는 희망을 가지면서 그런 의미에서 오늘 학술대회가 의미가 있지 않나 생각합니다. 끝까지 오늘 학술대회를 빛내주신 발표자와 토론자는 당연하고 청중에 계신 모든 분들과 귀빈여러분께 감사말씀드립니다. 감사합니다.